발달지체 영유아 조기개입 | 표현언어편(II) 4

임경옥 저

학지사

머리말

필자가 25년을 특수교육현장에 있으면서 느꼈던 가장 큰 안타까움은 장애 및 발달지체 영유아를 지도하기 위해 조기에 개입할 수 있는 지침서가 없다는 것이었다. 이와 관련하여 이들을 양육하는 부모와 현장에서 지도하는 교사들의 요구가 지속되었지만 감히 엄두를 낼 수가 없었다.

그러나 대학에서 후학을 양성하고자 운영하던 특수교육기관을 정리하면서 그동안 미루어왔던 장애 영유아 발달 영역별 지도를 위한 지침서를 현장 경험을 바탕으로 열정 하나만 가지고 집필하였고, 출간된 지 벌써 6년이 지났다.

열정만 가지고 집필했던 지침서는 6년이 지난 현 시점에서 돌이켜 보면 부끄러워 감히 내놓을 수 없을 만큼 미숙하고 부족한 부분이 너무 많아 죄송한 마음을 금할 길 없다. 그럼에도 불구하고 『장애 영유아 발달 영역별 지침서』(전5권)가 장애 영유아를 지도하는 데 많은 도움이 되었다는 장애아동의 부모님, 특수교사, 그리고 장애 영유아를 위한 유아 교육현장의 통합반 담당 교사들에게 먼저 감사드린다. 그리고 부족한 부분에 조언을 아끼지 않고 오랫동안 이 책을 지켜봐 주신 주변 지인들에게도 감사의 인사를 드린다. 이러한 지원과 채찍은 기존에 출판된 저서의 미숙하고 부족한 부분을 보완하여 전반적인 수정과 더불어 다시 집필해야 한다는 책무로 다가왔다. 그러므로 『발달지체 영유아 조기개입』에 대한 집필은 이 책을 아껴 주셨던 모든 분에게 감사의 마음으로 헌납하고자 심혈을 기울였으며, 처음 집필 시의 열정을 가지고 미숙하게 출간된 부끄러움을 조금이나마 만회하고자 최선을 다하였다.

이 책은 시리즈로 구성되어 각 영역별로 구성되어 있다. '인지' '수용언어' '표현언어' '대근육과 소근육' '사회성과 신변처리' 등의 영역으로 구성되어 있으며, 각 영역별로 가정에서도 장애 및 발달지체 영유아를 쉽게 지도할 수 있도록 초점을 맞추었다. 이를 위해 가능한 한 전문적인 용어를 배제하고 가장 쉽게 이해할 수 있는 용어를 선택하고자 고심하였으며, 실제적이고 기능 중심적인 항목을 배치하고자 노력하였다. 그리고 각 항목마다 되도록 자세히 서술하였고, 각 책의 부록에는 각 영역별 발달수준을 체크하여 지도할 수 있도록 항목별 시행 일자와 습득 일자를 기록할 수 있는 관찰표를 수록하였다.

따라서 이 책을 활용하여 지도할 경우, 각 항목의 방법 1은 수행 여부를 가늠하기 위한 선행검사에 중점을 두었으므로 방법 1로 각 항목의 수행 여부를 관찰표에 기록한 후 지도하도록 한다. 이를 위해 각 영역별로 개인별 특성을 고려하여 장애 및 발달지체 영유아의 현재 나이를 기준으로 한두 살 아래와 위 단계까지 관찰표에 수행 여부를 기록한 후 지도할 것을 권장한다. 또한 각 항목별 수행 후 반드시 다양하게 위치를 바꾸어 수행 여부를 확인해야 하며, 특히 그림 지도 시에는 위치가 고정되어 있어 외워서 수행될 가능성을 배제할 수 없으므로 그림을 여러 장 복사한 후 그림을 오려서 다양하게 위치를 바꾸어 확인해야 한다.

강화제(행동의 결과로 영유아가 좋아하는 것을 제공하는 것. 예: 음식물, 장난감, 스티커 등) 적용은 각 항목의 방법에 적용되어 있는 순서를 참고하여 필요 시 각 단계마다 적절하게 상황을 판단하여 제공해 줄 것을 제안한다. 그리고 처음 지도 시에는 자주 강화제를 제공하다가 점차 줄여 나가야 함을 유의하도록 한다.

끝으로, 이 책이 장애 및 발달지체 영유아를 양육하는 부모님과 이들을 현장에서 지도하는 모든 교사, 그리고 장애 영유아를 위한 보육교사와 특수교사를 배출하는 대학의 교재로서 미력하나마 도움이 되길 진심으로 바란다. 또한 이 책의 출판을 맡아 준 학지사의 김진환 사장님을 비롯하여 완성도 높은 책이 출판될 수 있도록 힘든 편집과 교정 및 삽화 작업을 묵묵히 도와주신 편집부 김준범 차장님과 직원들에게도 감사드린다. 마지막으로 이 책의 이해를 돕기 위해 사용한 삽화의 근간이 되어 준 『장애 영유아 발달영역별 지침서』의 그림을 그려 준 딸 수지와 진심으로 격려해 주고 지원해 준 지인들에게 무한한 고마움을 전하며 모든 분에게 하나님의 축복과 영광이 함께하길 기원한다.

장애 및 발달지체 영유아의 행복한 삶을 기원하며

2018년 2월 임경옥

차례

표현언어편 (II)

표현언어편 (II)

| 5~6세 | 6~7세 |

우 편
POST

5~6세

84 의성어 사용하기

5~6세

목표 | 의성어를 사용할 수 있다.

자료 | 자동차, 시계 등 의성어와 관련된 그림, 의성어가 녹음된 동화책 및 카세트, 강화제

방법 ❶

- 교사가 예를 들어 자동차, 전화기, 시계, 기차, 종 등의 그림을 제시한 후 각 그림을 가리키며 소리를 말하는 시범을 보인다.
- 교사가 각 그림을 가리킬 때 유아에게 교사를 모방하여 각각의 소리를 말해 보라고 한다.
- 수행되면 교사가 각 그림을 가리킬 때 유아 스스로 각각의 소리를 말해 보라고 한다.
- 수행되면 교사가 그림의 위치를 바꾼 후 각 소리를 물어볼 때 유아 스스로 각각의 소리를 말해 보라고 한다.
- 수행되면 유아의 특성에 맞는 적절한 강화제를 제공한다.

방법 ❷

- 교사가 예를 들어 자동차 그림을 제시한 후 "자동차는 ♬ 빵빵~빵빵 ♬ 빵빵~빵빵 ♬" 노래를 부르며 "빵빵."이라고 말하는 시범을 보인다.

- 유아에게 교사를 모방하여 "빵빵."이라고 말해 보라고 한다.
- 말하지 못하면 교사가 "빵빵."이라고 반복하여 말해 준 후 유아에게 "빵빵."이라고 말해 보라고 한다.
- 수행되면 교사가 "빵빵."이라고 말해 준 후 유아에게 "빵빵."이라고 말해 보라고 한다.
- 수행되면 교사가 "빵."이라고 첫소리를 말해 준 후 유아에게 "빵빵."이라고 대답해 보라고 한다.
- 수행되면 교사가 '빵빵'이라고 말하는 입 모양을 보여 주며 유아에게 "빵빵."이라고 말해 보라고 한다.
- 수행되면 교사가 '자동차'를 가리키며 유아에게 "빵빵."이라고 말해 보라고 한다.
- 도움을 점차 줄여 간다.
- 수행되면 교사가 기차 그림을 가리킬 때 유아 스스로 "빵빵."이라고 말해 보라고 한다.
- 수행되면 교사가 예를 들어 전화기 그림을 제시한 후 "전화는 ♬ 따르릉~따르릉 ♬ 따르릉~따르릉 ♬" 노래를 부르며 "따르릉."이라고 말하는 시범을 보인다.
- 유아에게 교사를 모방하여 "따르릉."이라고 말해 보라고 한다.
- 말하지 못하면 '자동차' 소리를 지도한 것과 같은 방법으로 지도한다.
- 수행되면 교사가 전화기 그림을 가리킬 때 유아 스스로 "따르릉."이라고 말해 보라고 한다.
- 수행되면 교사가 자동차와 전화기 그림을 제시한 후 교사가 각 그림을 가리킬 때 유아 스스로 "빵빵." 또는 "따르릉."이라고 말해 보라고 한다.
- 수행되면 교사가 예를 들어 시계 그림을 제시한 후 "시계는 ♬ 아침부터 ♬ 똑딱, 똑딱 ♬ 언제나 같은 소리 ♬ 똑딱, 똑딱 ♬" 노래를 부르며 "똑딱."이라고 말하는 시범을 보인다.
- 유아에게 교사를 모방하여 "똑딱."이라고 말해 보라고 한다.
- 말하지 못하면 '전화기'의 소리를 지도한 것과 같은 방법으로 지도한다.

• 수행되면 다른 의성어도 위와 같은 방법으로 지도한다.
• 수행되면 교사가 의성어와 관련된 각 사진이나 그림을 제시한 후 교사가 각 소리를 물어볼 때 유아 스스로 각 소리를 말해 보라고 한다.
• 수행되면 교사가 그림의 위치를 바꾼 후 각 소리를 물어볼 때 유아 스스로 각각의 소리를 말해 보라고 한다.
• 수행되면 유아의 특성에 맞는 적절한 강화제를 제공한다.

☞ 수행되면 글자를 오려서 각 그림 밑에 의성어를 붙이면서 의성어를 말할 수 있도록 지도해도 된다. 글씨를 모르는 유아의 경우 교사가 글씨를 읽어 주고 붙이도록 유도하면 된다.

따르릉	빵빵	땡땡
삐요 삐요	째각 째각	칙칙 폭폭

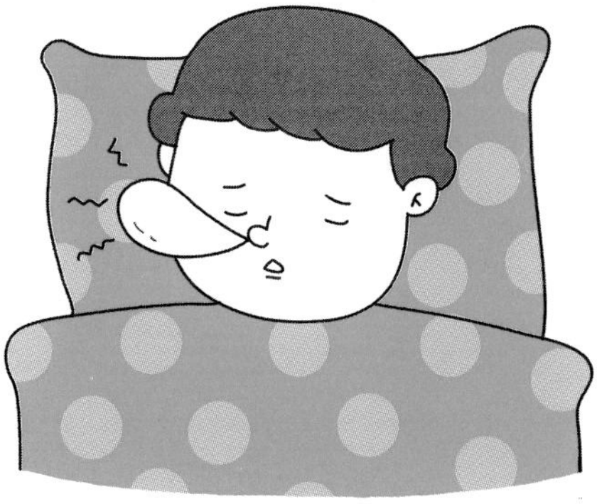

콜록 콜록	꿀꺽 꿀꺽
드르렁 드르릉	엉엉

85 상황에 맞는 얼굴 표정 말하기

5~6세

목표 | 상황에 맞는 얼굴 표정을 말할 수 있다.

자료 | 여러 가지 상황 그림, 다양한 얼굴 표정 그림, 강화제

방법 ❶

- 유아에게 교사를 모방하여 여러 가지 상황에 맞는 다양한 얼굴 표정을 말해 보라고 한다.
- 수행되면 유아 스스로 여러 가지 상황에 맞는 다양한 얼굴 표정을 말해 보라고 한다.
- 수행되면 유아의 특성에 맞는 적절한 강화제를 제공한다.

방법 ❷

- 교사가 예를 들어 선물 받는 상황의 그림을 제시한 후 "웃어요."라고 말하는 시범을 보인다.
- 유아에게 교사를 모방하여 교사가 선물 받는 상황의 그림을 제시할 때 "웃어요."라고 말해 보라고 한다.
- 말하지 못하면 교사가 "웃어요."라고 반복하여 말해 준 후 유아에게 "웃어요."라고 말해 보라고 한다.
- 수행되면 교사가 "웃."이라고 첫소리를 말해 준 후 유아에게 "웃어요."라고 말해 보라고 한다.
- 수행되면 교사가 '웃어요'라고 말하는 입 모양을 보여 주며 유아에게 "웃어요."라고 말해 보라고 한다.
- 수행되면 교사가 웃는 사진을 가리키며 유아에게 "웃어요."라고 말해 보라고 한다.
- 수행되면 교사가 웃는 표정을 보여 주며 유아에게 "웃어요."라고 말해 보라고 한다.
- 도움을 점차 줄여 간다.

- 수행되면 교사가 선물 받는 상황의 그림을 가리킬 때 유아 스스로 “웃어요.”라고 말해 보라고 한다.
- 수행되면 교사가 예를 들어 주사 맞고 우는 상황의 그림을 제시한 후 “울어요.”라고 말하는 시범을 보인다.
- 교사가 주사 맞고 우는 상황의 그림을 제시할 때 유아에게 “울어요.”라고 말해 보라고 한다.
- 말하지 못하면 ‘웃어요’를 지도한 것과 같은 방법으로 지도한다.
- 수행되면 교사가 주사 맞고 우는 상황의 그림을 가리킬 때 유아 스스로 “울어요.”라고 말해 보라고 한다.
- 수행되면 교사가 선물 받는 상황과 주사 맞고 우는 상황의 그림을 가리킬 때 유아 스스로 “웃어요.” 또는 “울어요.”라고 말해 보라고 한다.
- 수행되면 교사가 여러 가지 상황 그림과 다양한 얼굴 표정을 제시한 후 유아 스스로 각 상황에 맞는 얼굴 표정을 말해 보라고 한다.
- 수행되면 유아의 특성에 맞는 적절한 강화제를 제공한다.

☞ 교사가 다양한 상황에 맞는 실제 표정을 보여 주면서 지도하면 효과적이다.

☞ 교사가 미리 얼굴 표정을 오려 놓은 후 각 상황에 맞는 얼굴 표정을 붙이게 지도해도 된다.

☞ 유아의 얼굴 표정 사진을 찍어서 코팅하거나 다음의 그림을 복사하여 코팅한 후 교구로 제작하여 사용하면 편리하다. 유아의 얼굴 표정 사진이나 그림 뒷면에는 까슬이를 붙이고, 하드보드지에는 보슬이를 붙이면 된다. 쉽게 붙였다 뗐다 할 수 있으므로 위치를 다양하게 바꾸어 지도할 수 있어 활용도가 높다. 하드보드지와 코팅지는 문구점에서 구입할 수 있다.

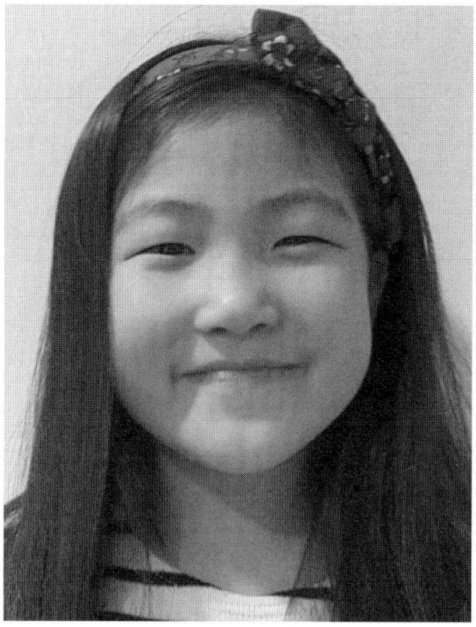

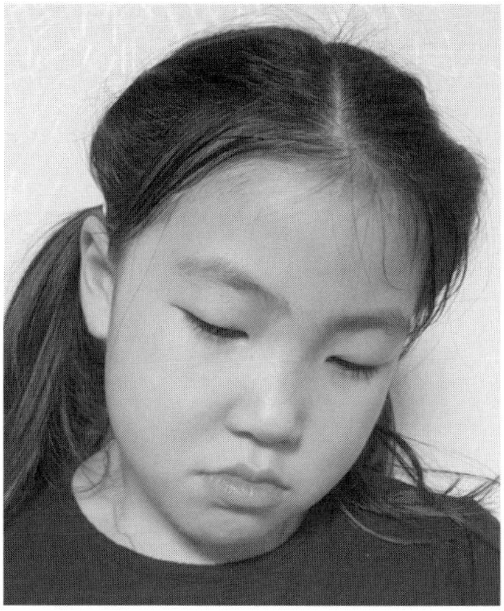

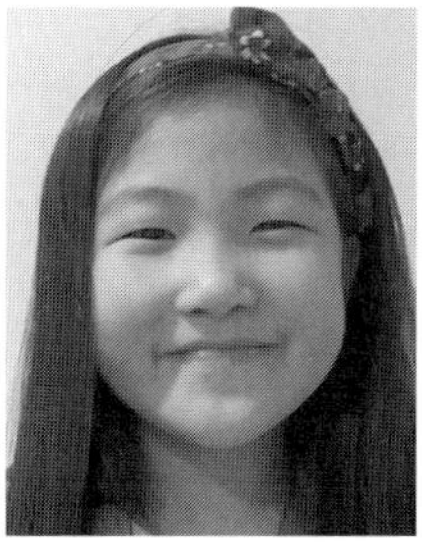

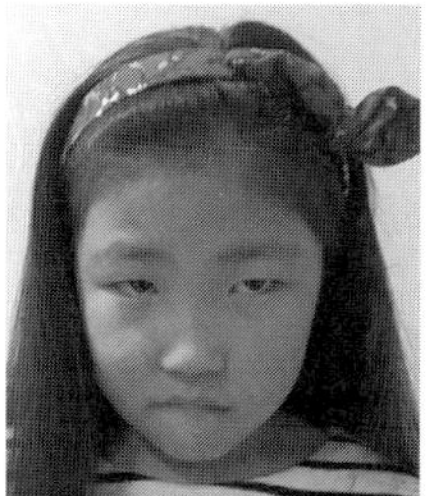

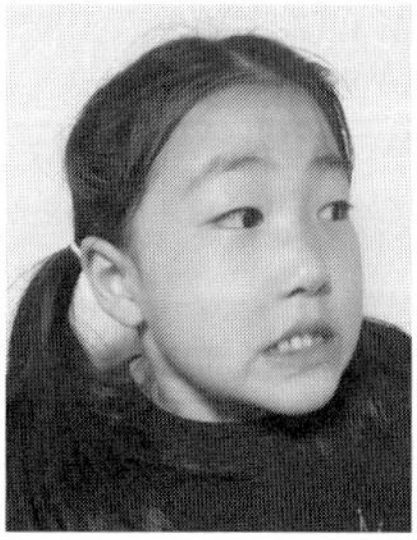

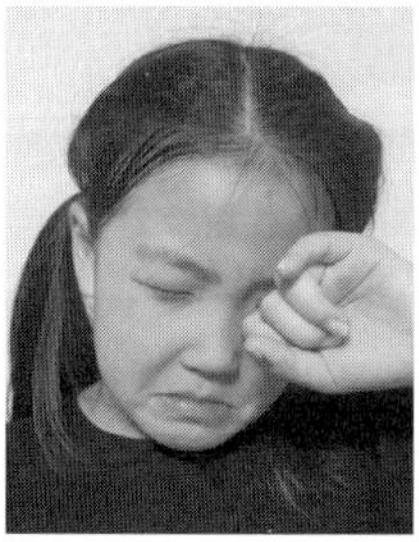

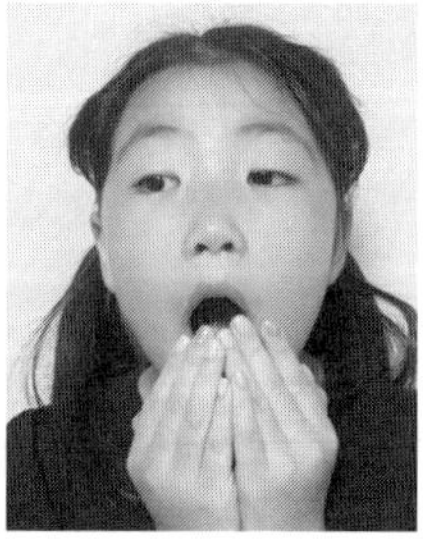

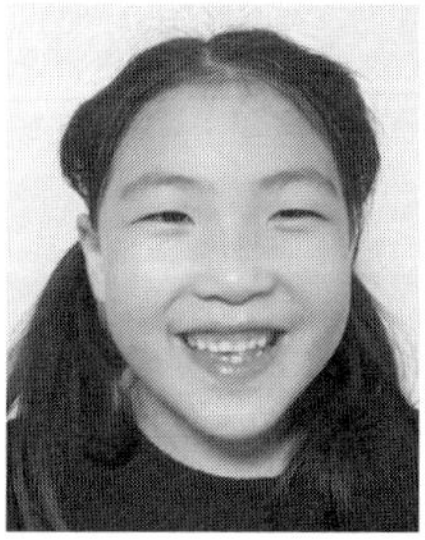

86 '무엇으로'를 묻는 질문에 대답하기 II

5~6세

목표 | '무엇으로'를 묻는 질문에 대답할 수 있다.

자료 | 각 사물, '무엇으로'와 관련된 그림자료, 강화제

방법 ❶

- 컵, 칫솔, 가위, 휴지, 크레파스, 빗, 숟가락, 포크 등은 앞 단계에서 수행하였으므로 확인한 후 시행한다.
- 교사가 유아에게 각 사물이나 '무엇으로'와 관련된 상황(예: 교사가 글씨 쓰는 모습)을 보여 주며 '무엇으로(예: 연필)' 하는지를 말하는 시범을 보인다.
- 수행되면 유아의 특성에 맞는 적절한 강화제를 제공한다.

방법 ❷

- 컵, 칫솔, 가위, 휴지, 크레파스, 빗, 숟가락, 포크 등은 앞 단계에서 수행하였으므로 확인한 후 시행한다.
- 교사가 예를 들어 연필로 글씨를 쓰면서 "무엇으로 글씨 써요?"라고 물어본 후 "연필."이라고 대답하는 시범을 보인다.
- 교사가 "무엇으로 글씨 써요?"라고 물어볼 때 유아에게 교사를 모방하여 "연필." 이라고 대답해 보라고 한다.
- 대답하지 못하면 교사가 "연필."이라고 반복하여 말해 준 후 유아에게 "연필."이라고 대답해 보라고 한다.
- 수행되면 교사가 "연."이라고 첫소리를 말해 준 후 유아에게 "연필."이라고 대답해 보라고 한다.
- 수행되면 교사가 '연필'이라고 말하는 입 모양을 보여 주며 유아에게 "연필."이라고 대답해 보라고 한다.

- 수행되면 교사가 '연필'을 가리키며 유아에게 "연필."이라고 대답해 보라고 한다.
- 수행되면 교사가 글씨 쓰는 동작을 보여 주며 유아에게 "연필."이라고 대답해 보라고 한다.
- 도움을 점차 줄여 간다.
- 수행되면 교사가 "무엇으로 글씨 써요?"라고 물어볼 때 유아 스스로 "연필."이라고 대답해 보라고 한다.
- 수행되면 교사가 예를 들어 지우개로 글씨를 지우면서 "무엇으로 글씨 지워요?"라고 물어본 후 "지우개."라고 대답하는 시범을 보인다.
- 교사가 "무엇으로 글씨 지워요?"라고 물어볼 때 유아에게 교사를 모방하여 "지우개."라고 대답해 보라고 한다.
- 대답하지 못하면 '연필'을 지도한 것과 같은 방법으로 지도한다.
- 수행되면 '무엇으로'와 관련된 다른 물건들도 같은 방법으로 지도한다.
- 수행되면 교사가 '무엇으로'와 관련된 각 사물이나 상황을 제시한 후 '무엇으로'를 물어볼 때 유아 스스로 대답해 보라고 한다.
- 수행되면 유아의 특성에 맞는 적절한 강화제를 제공한다.

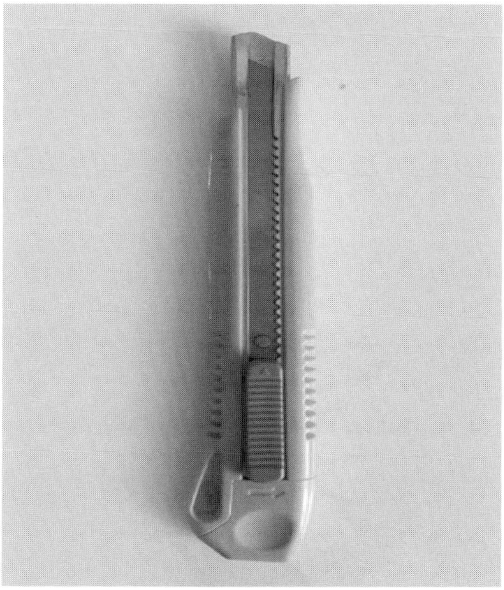

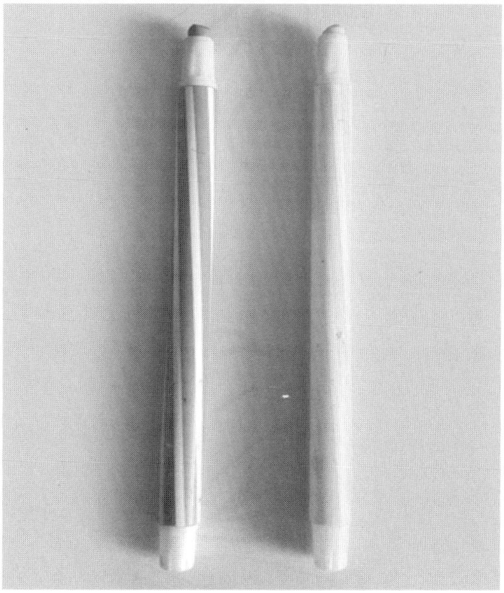

5~6
세

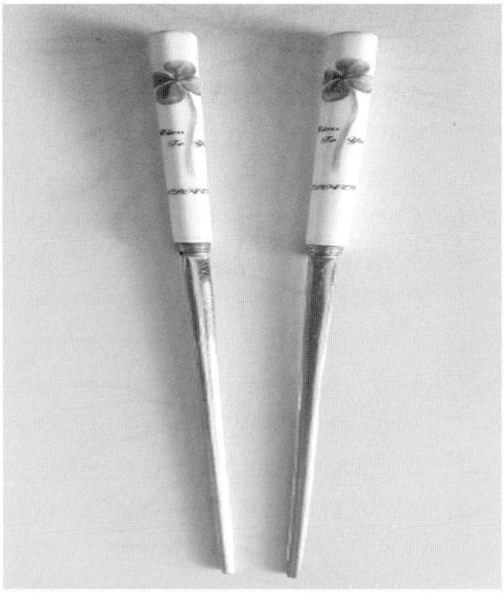

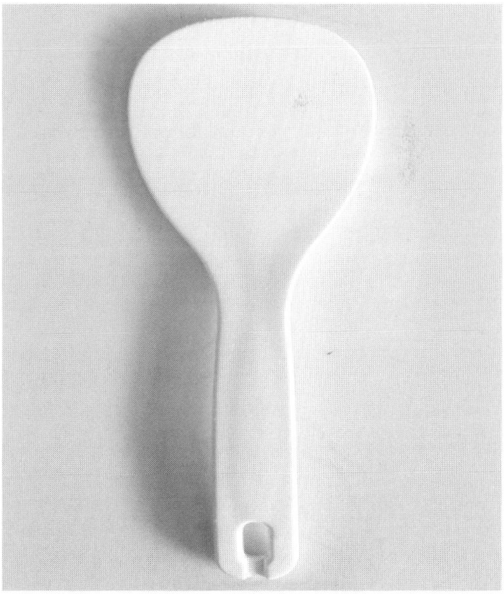

5~6
세

87 필요한 도구와 기구 말하기 II

5~6세

목표 | 필요한 도구나 기구를 말할 수 있다.

자료 | 필요한 물건이 빠진 상황 그림, 필요한 물건의 실물(그림), 강화제

방법 ❶

- 교사가 필요한 도구나 기구가 없는 그림(예: 라면 먹으려고 하는데 젓가락이 없는 그림)과 필요한 물건의 실물 및 그림(예: 젓가락)을 제시한 후 유아에게 각 상황에 필요한 도구나 기구를 설명해 준다.
- 교사가 각각의 상황에 필요한 도구나 기구를 말하는 시범을 보인다.
- 유아에게 교사를 모방하여 각각의 상황에 필요한 도구나 기구를 말해 보라고 한다.
- 수행되면 유아 스스로 각각의 상황에 필요한 도구나 기구를 말해 보라고 한다.
- 수행되면 유아의 특성에 맞는 적절한 강화제를 제공한다.

방법 ❷

- 교사가 예를 들어 라면을 먹으려고 하는데 젓가락이 없는 그림을 제시하고 무엇이 필요한지 물어본 후 "젓가락."이라고 말하는 시범을 보인다.
- 교사가 "라면을 먹으려고 하는데 뭐가 필요해요(없어요)."라고 물어볼 때 유아에게 교사를 모방하여 "젓가락."이라고 말해 보라고 한다.
- 말하지 못하면 교사가 "젓가락."이라고 반복하여 말해 준 후 유아에게 "젓가락."이라고 말해 보라고 한다.
- 수행되면 교사가 "젓."이라고 첫소리를 말해 준 후 유아에게 "젓가락."이라고 말해 보라고 한다.
- 수행되면 교사가 '젓가락'이라고 말하는 입 모양을 보여 주며 유아에게 "젓가락."이라고 말해 보라고 한다.

- 수행되면 교사가 라면 먹는 동작을 보여 주며 유아에게 "젓가락."이라고 말해 보라고 한다.
- 도움을 점차 줄여 간다.
- 수행되면 교사가 라면을 먹으려고 하는데 젓가락이 없는 그림을 보여 주면서 무엇이 필요한지 물어볼 때 유아 스스로 "젓가락."이라고 말해 보라고 한다.
- 수행되면 교사가 예를 들어 음식(사과, 채소 등)을 자르려고 하는데 칼이 없는 그림을 제시하고 무엇이 필요한지 물어본 후 "칼."이라고 말하는 시범을 보인다.
- 교사가 "음식을 자르려고 하는데 뭐가 필요해요(없어요)?"라고 물어볼 때 유아에게 교사를 모방하여 "칼."이라고 말해 보라고 한다.
- 말하지 못하면 '젓가락'을 지도한 것과 같은 방법으로 지도한다.
- 수행되면 교사가 음식을 자르려고 하는데 '칼'이 없는 그림을 보여 주면서 무엇이 필요한지 물어볼 때 유아 스스로 "칼."이라고 말해 보라고 한다.
- 수행되면 교사가 '젓가락'과 '칼'이 없는 그림을 제시한 후 무엇이 필요한지 물어볼 때 유아 스스로 "젓가락." 또는 "칼."이라고 말해 보라고 한다.
- 수행되면 필요한 도구나 기구가 없는 다른 그림도 같은 방법으로 지도한다.
- 수행되면 유아 스스로 각각의 상황에 필요한 도구나 기구를 말해 보라고 한다.
- 수행되면 유아의 특성에 맞는 적절한 강화제를 제공한다.

방법 ❸

- 각 도구 및 기구가 필요한 상황과 각 도구 및 기구를 붙일 수 있는 그림을 제시한다.
- 교사가 예를 들어 라면을 먹으려고 하는데 젓가락이 없는 그림에 '젓가락'을 붙이면서 "젓가락."이라고 말하는 시범을 보인다.
- 유아에게 교사를 모방하여 젓가락이 없는 그림에 '젓가락'을 붙이면서 "젓가락."이라고 말해 보라고 한다.
- 말하지 못하면 교사가 유아의 손을 잡고 젓가락을 붙이면서 "젓가락."이라고 반복하여 말해 준 후 유아에게 "젓가락."이라고 말해 보라고 한다.

- 수행되면 교사가 “젓.”이라고 첫소리를 말해 준 후 유아에게 “젓가락.”이라고 말해 보라고 한다.
- 수행되면 교사가 ‘젓가락’이라고 말하는 입 모양을 보여 주며 유아에게 “젓가락.”이라고 말해 보라고 한다.
- 수행되면 교사가 “라면을 먹으려고 하는데 뭐가 필요해요?”라고 물어볼 때 유아에게 ‘젓가락’을 붙이면서 “젓가락.”이라고 말해 보라고 한다.
- 수행되면 교사가 라면을 먹는 동작을 보여 주며 유아에게 “젓가락.”이라고 말해 보라고 한다.
- 도움을 점차 줄여 간다.
- 수행되면 유아 스스로 라면을 먹으려고 하는데 젓가락이 없는 그림에 ‘젓가락’을 붙이면서 “젓가락.”이라고 말해 보라고 한다.
- 수행되면 교사가 예를 들어 음식을 자르려고 하는데 ‘칼’이 없는 그림에 ‘칼’을 붙이면서 “칼.”이라고 말하는 시범을 보인다.
- 유아에게 교사를 모방하여 음식을 자르려고 하는데 ‘칼’이 없는 그림에 ‘칼’을 붙이면서 “칼.”이라고 말해 보라고 한다.
- 말하지 못하면 ‘붙이는 것’을 지도한 것과 같은 방법으로 지도한다.
- 수행되면 필요한 도구나 기구가 없는 다른 그림도 같은 방법으로 지도한다.
- 수행되면 유아 스스로 각각의 상황에 필요한 도구나 기구를 말해 보라고 한다.
- 수행되면 유아의 특성에 맞는 적절한 강화제를 제공한다.

☞ 수행되면 확인을 위해 필요한 도구나 기구에 스티커를 붙이거나 동그라미를 그리게 하면서 각 도구나 기구를 말하도록 지도하는 방법도 있다.

☞ 필요한 도구나 기구의 사진 및 그림을 오려서 코팅하거나 다음의 그림을 복사하여 코팅한 후 교구로 제작하여 사용하면 편리하다. 필요한 도구나 기구의 사진 및 그림 뒷면에는 까슬이를 붙이고, 하드보드지에는 보슬이를 붙이면 된다. 쉽게 붙였다 뗐다 할 수 있으므로 위치를 다양하게 바꾸어 지도할 수 있어 활용도가 높다. 하드보드지와 코팅지는 문구점에서 구입할 수 있다.

5~6
세

88 "~하는 중이다." 표현하기

5~6세

목표 | "~하는 중이다."라고 말할 수 있다.

자료 | 동작동사카드, 강화제

방법 ❶

- 교사가 각 동작을 보여 주거나 동작동사카드를 제시한 후 각 그림을 보면서 "~하는 중이에요."라고 말하는 시범을 보인다.
- 유아에게 교사를 모방하여 "~하는 중이에요."라고 말해 보라고 한다.
- 수행되면 유아 스스로 "~하는 중이에요."라고 말해 보라고 한다.
- 수행되면 유아의 특성에 맞는 적절한 강화제를 제공한다.

방법 ❷

- 교사가 예를 들어 우유 마시는 상황이나 그림을 보여 주면서 "우유 마시는 중이에요."라고 말하는 시범을 보인다.
- 유아에게 교사를 모방하여 "우유 마시는 중이에요."라고 말해 보라고 한다.
- 모방하지 못하면 교사가 "우유 마시는."이라고 말해 준 후 유아에게 "중이에요." 라고 말해 보라고 한다.
- 수행되면 교사가 "우유를 어떻게 하는 중이에요?"라고 물어본 후 유아에게 "마시는 중이에요."라고 말해 보라고 한다.
- 수행되면 교사가 "우유."라고 말해 준 후 유아에게 "우유 마시는 중이에요."라고 말해 보라고 한다.
- 수행되면 교사가 "우."라고 첫소리를 말해 준 후 유아에게 "우유 마시는 중이에요."라고 말해 보라고 한다.
- 수행되면 교사가 '우유'라고 말하는 입 모양을 보여 주며 유아에게 "우유 마시는

중이에요."라고 말해 보라고 한다.

- 수행되면 교사가 우유 마시는 그림을 가리키며 유아에게 "우유 마시는 중이에요." 라고 말해 보라고 한다.
- 수행되면 교사가 우유 마시는 상황을 보여 주거나 동작을 보여 주면서 유아에게 "우유 마시는 중이에요."라고 말해 보라고 한다.
- 도움을 점차 줄여 간다.
- 수행되면 교사가 우유를 마시는 동작을 보여 주거나 그림을 가리키며 "우유 마시는 중이에요."라고 말해 보라고 한다.
- 수행되면 교사가 예를 들어 사과를 먹는 상황이나 그림을 보여 주면서 "사과 먹는 중이에요."라고 말하는 시범을 보인다.
- 유아에게 교사를 모방하여 "사과 먹는 중이에요."라고 말해 보라고 한다.
- 모방하지 못하면 '우유' 마시는 것을 지도한 것과 같은 방법으로 지도한다.
- 수행되면 다른 동작동사들도 같은 방법으로 지도한다.
- 수행되면 교사가 각 동작을 보여 주거나 동작동사카드를 제시한 후 '~을 하는 중'인지를 물어볼 때 유아 스스로 '~하는 중'이라고 말해 보라고 한다.
- 수행되면 유아의 특성에 맞는 적절한 강화제를 제공한다.

☞ 일상생활에서 유아가 경험하였거나 매일 경험하는 것을 중심으로 지도하고 동작을 하고 있는 중에 물어보는 것이 적절하다.

☞ 동작동사카드로 지도할 시에는 각 동작동사카드에 나오는 그림의 얼굴에 유아의 사진을 붙여 유아가 지금 무엇을 하는 중인지 물어보면 유아가 흥미를 가지므로 효과적으로 지도할 수 있다.

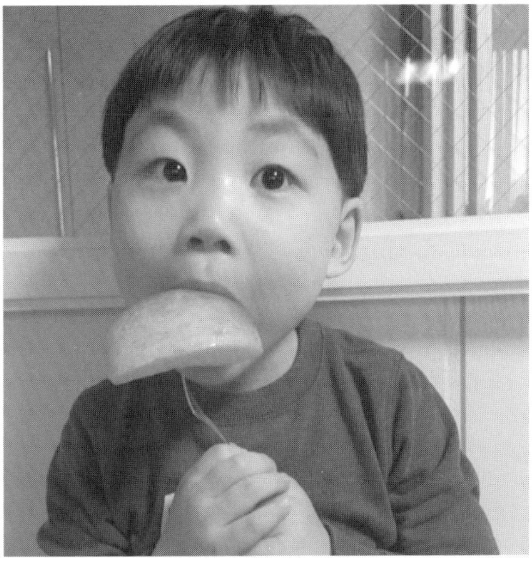

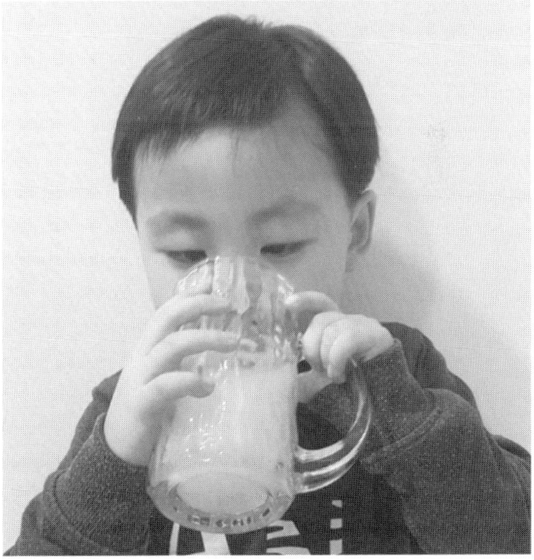

5~6
세

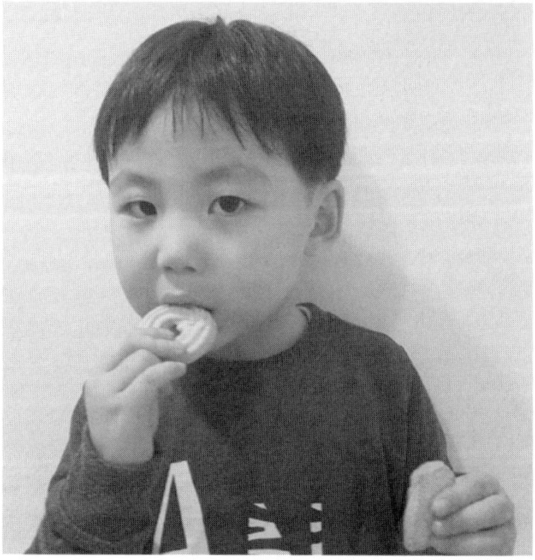

ANIMAL

Milk

LAUGH

5~6
세

LAUGH
LOUD!!

LAUGH

LAUGH

LAUGH

89 다양한 물건의 용도 말하기

5~6세

목표 | 다양한 물건의 용도를 말할 수 있다.

자료 | 다양한 물건(예: 색연필, 연필, 안경 등)의 실물과 그림카드, 강화제

방법 ❶

- 친숙한 물건(예: 컵, 가위, 칫솔, 휴지, 우산, 비누, 숟가락 등)의 용도는 앞 단계에서 수행하였으므로 확인한 후 시행한다.
- 교사가 유아에게 다양한 물건(예: 색연필, 연필, 안경 등)의 용도를 설명한다.
- 교사가 유아에게 다양한 물건이나 그림카드를 제시한 후 각 물건의 용도를 말하는 시범을 보인다.
- 유아에게 교사를 모방하여 다양한 물건의 용도를 말해 보라고 한다.
- 수행되면 교사가 유아에게 다양한 물건이나 그림카드를 제시할 때 유아 스스로 각 물건의 용도를 말해 보라고 한다.
- 수행되면 유아의 특성에 맞는 적절한 강화제를 제공한다.

방법 ❷

- 친숙한 물건(예: 컵, 가위, 칫솔, 휴지, 우산, 비누, 숟가락 등)의 용도는 앞 단계에서 수행하였으므로 확인한 후 시행한다.
- 교사가 유아에게 다양한 물건의 용도를 설명한다.
- 교사가 예를 들어 색연필을 보여 준 후 "색연필로는 ♬ 무~얼 할까? ♬ 무~얼 할까? ♬"라고 노래를 부르며 "색연필로 색칠해요."라고 말하는 시범을 보인다.
- 유아에게 교사를 모방하여 "색연필로 색칠해요."라고 말해 보라고 한다.
- 말하지 못하면 교사가 "색연필로 색칠해요."라고 반복해서 말해 준 후 유아에게 "색연필로 색칠해요."라고 말해 보라고 한다.

- 수행되면 교사가 "색연필로."라고 말해 준 후 유아에게 "색칠해요."라고 말해 보라고 한다.
- 수행되면 교사가 "색."이라고 첫소리를 말해 준 후 유아에게 "색연필로 색칠해요."라고 말해 보라고 한다.
- 수행되면 교사가 '색연필로'라고 말하는 입 모양을 보여 주며 유아에게 "색연필로 색칠해요."라고 말해 보라고 한다.
- 수행되면 교사가 색연필로 색칠하는 동작을 보여 주며 유아에게 "색연필로 색칠해요."라고 말해 보라고 한다.
- 도움을 점차 줄여 간다.
- 수행되면 교사가 색연필의 용도를 물어볼 때 유아 스스로 "색연필로 색칠해요."라고 말해 보라고 한다.
- 수행되면 교사가 예를 들어 연필을 보여 준 후 "연필로는 ♬ 무~얼 할까? ♬ 무~얼 할까? ♬"라고 노래를 부르며 "연필로 글씨 써요."라고 말하는 시범을 보인다.
- 유아에게 교사를 모방하여 "연필로 글씨 써요."라고 말해 보라고 한다.
- 말하지 못하면 색연필의 용도를 지도한 것과 같은 방법으로 지도한다.
- 수행되면 다른 물건들의 용도도 같은 방법으로 지도한다.
- 수행되면 교사가 유아에게 다양한 물건이나 그림카드를 제시할 때 유아 스스로 각 물건의 용도를 말해 보라고 한다.
- 수행되면 유아의 특성에 맞는 적절한 강화제를 제공한다.

☞ 주변에서 쉽게 볼 수 있는 다양한 물건의 사진이나 그림을 오려서 코팅하거나 다음 사진을 복사하여 코팅한 후 교구로 제작하여 사용하면 편리하다. 다양한 물건의 사진이나 그림 뒷면에는 까슬이를 붙이고, 하드보드지에는 보슬이를 붙이면 된다. 쉽게 붙였다 뗐다 할 수 있으므로 위치를 다양하게 바꾸어 지도할 수 있어 활용도가 높다. 하드보드지와 코팅지는 문구점에서 구입할 수 있다.

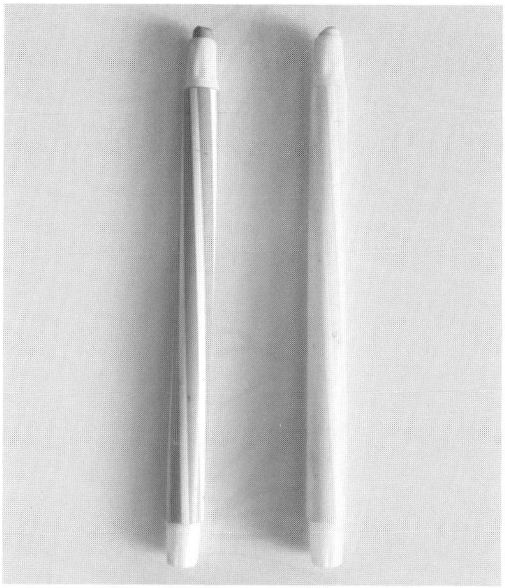

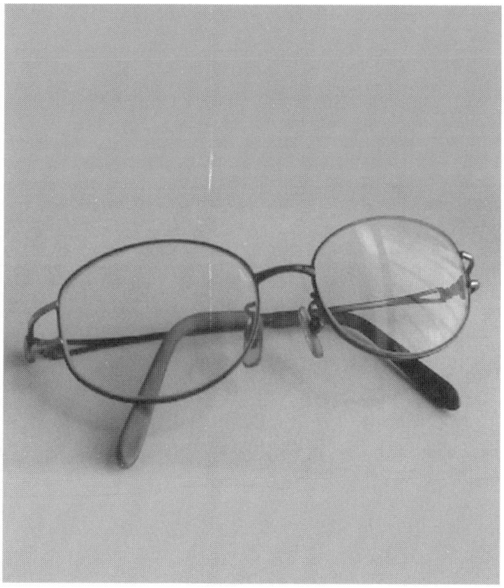

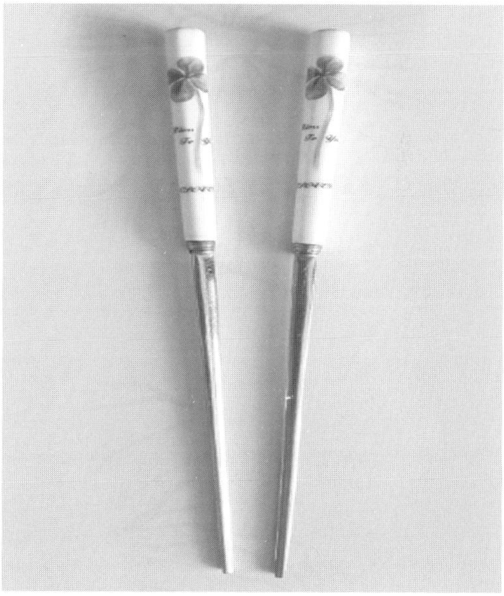

5~6
세

NEMO

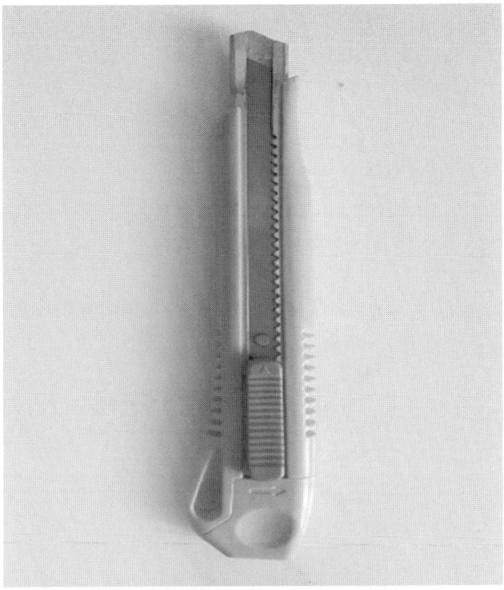

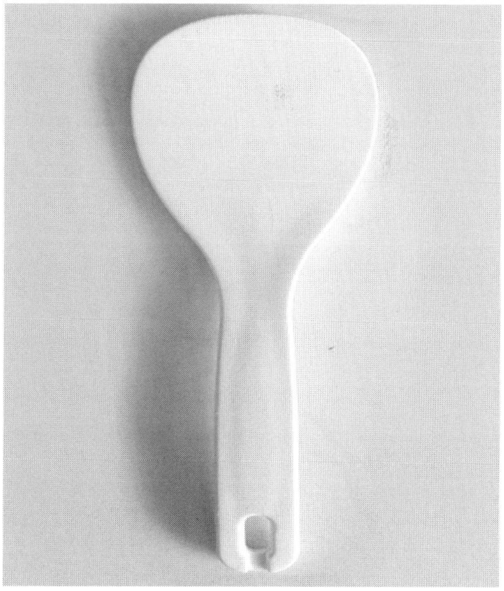

5～6
세

90 오른쪽(손)과 왼쪽(손) 표현하기

5~6세

목표 | 오른쪽(손)과 왼쪽(손)을 표현할 수 있다.

자료 | 리본, 상자, 인형(강아지 모형), 그림자료, 풀, 강화제

방법 ❶

- 교사가 유아와 마주 앉아 "오~른 손 올~려 ♬ 예쁘게 ♬ 올~려 ♬"라고 노래 부르며 왼손(유아 방향에서 보면 오른손)을 올리면서 "오른손."이라고 말하고, "왼~손 올~려 ♬ 예쁘게 ♬ 올~려 ♬"라고 노래 부르며 오른손을 올리면서 "왼손."이라고 말하는 시범을 보인다.
- 유아에게 교사를 모방하여 오른손을 올리면서(가리키면서) "오른손."이라고 말하고, 왼손을 올리면서(가리키면서) "왼손."이라고 말해 보라고 한다.
- 수행되면 유아 스스로 오른손을 올리면서(가리키면서) "오른손."이라고 말하고, 왼손을 올리면서(가리키면서) "왼손."이라고 말해 보라고 한다.
- 수행되면 교사의 지시에 따라 각각의 손을 올리면서 "오른손." "왼손."이라고 말해 보라고 한다.
- 수행되면 '오른쪽'과 '왼쪽'에 놓인 다른 물건이나 사물을 보면서 유아 스스로 "오른쪽." 또는 "왼쪽."이라고 말해 보라고 한다.
- 수행되면 유아의 특성에 맞는 적절한 강화제를 제공한다.

방법 ❷

- 교사와 유아가 마주 앉아 유아의 오른손 손목에 리본을 묶어 준 후 교사도 왼손 손목(유아 방향에서 보면 오른손 손목)에 리본을 묶는다.
- 교사가 "오~른 손 올~려 ♬ 예쁘게 ♬ 올~려 ♬"라고 노래 부르며 리본이 묶여 있는 왼손(유아 방향에서 보면 오른손)을 올리면서 "오른손."이라고 말하는 시범을 보인다.

- 유아에게 교사를 모방하여 리본이 묶여 있는 '오른손'을 올리면서 "오른손."이라고 말해 보라고 한다.
- 말하지 못하면 교사가 유아의 '오른손'을 잡고 올려 주면서 "오른손."이라고 반복하여 말해 준 후 유아에게 "오른손."이라고 말해 보라고 한다.
- 교사가 "오른."이라고 말해 준 후 유아에게 "오른손."이라고 말해 보라고 한다.
- 수행되면 교사가 "오."라고 첫소리를 말해 준 후 유아에게 "오른손."이라고 말해 보라고 한다.
- 수행되면 교사가 '오른손'이라고 말하는 입 모양을 보여 주며 유아에게 "오른손." 이라고 말해 보라고 한다.
- 수행되면 교사가 리본이 묶여져 있는 유아의 오른손을 올리면서(가리키며) 유아에게 "오른손."이라고 말해 보라고 한다.
- 도움을 점차 줄여 간다.
- 수행되면 유아 스스로 오른손을 올리면서(가리키며) "오른손."이라고 말해 보라고 한다.
- 수행되면 교사가 "왼~손 올~려 ♬ 예쁘게 ♬ 올~려 ♬"라고 노래 부르며 오른손(유아 방향에서 보면 왼손)을 올리면서 "왼손."이라고 말하는 시범을 보인다.
- 유아에게 교사를 모방하여 '왼손'을 올리면서 "왼손."이라고 말해 보라고 한다.
- 말하지 못하면 '오른손'을 지도한 것과 같은 방법으로 지도한다.
- 수행되면 유아 스스로 왼손을 올리면서(가리키며) "왼손."이라고 말해 보라고 한다.
- 수행되면 교사의 지시에 따라 각각의 손을 올리면서 "오른손." "왼손."이라고 말해 보라고 한다.
- 수행되면 유아의 특성에 맞는 적절한 강화제를 제공한다.

방법 ❸

- 교사가 소파 그림과 여러 장의 강아지 그림, 풀을 준비하여 유아 옆에 앉은 후 소파 그림의 오른쪽에 강아지 그림을 붙인 후 "오른쪽."이라고 말하고, 왼쪽에 강아지 그림을 붙인 후 "왼쪽."이라고 말하는 시범을 보인다.

- 유아에게 교사를 모방하여 소파 그림의 오른쪽에 강아지를 붙인 후 "오른쪽."이라고 말하고, 왼쪽에 강아지 그림을 붙인 후 "왼쪽."이라고 말해 보라고 한다.
- 말하지 못하면 교사가 소파의 오른쪽에 강아지를 붙이면서 "오른쪽~이라고 ♬ 말해 봐~요 ♬ 말해 봐~요 ♬"라고 노래를 부르며 "오른쪽."이라고 말하는 시범을 보인다.
- 유아에게 교사를 모방하여 소파의 오른쪽에 강아지를 붙인 후 "오른쪽."이라고 말해 보라고 한다.
- 말하지 못하면 교사가 유아의 손을 잡고 소파 오른쪽에 강아지 그림을 붙인 후 "오른쪽."이라고 반복하여 말해 준 후 유아에게 "오른쪽."이라고 말해 보라고 한다.
- 수행되면 교사가 "오른."이라고 말해 준 후 유아에게 "오른쪽."이라고 말해 보라고 한다.
- 수행되면 교사가 "오."라고 첫소리를 말해 준 후 유아에게 "오른쪽."이라고 말해 보라고 한다.
- 수행되면 교사가 '오른쪽'이라고 말하는 입 모양을 보여 주며 유아에게 "오른쪽." 이라고 말해 보라고 한다.
- 수행되면 교사가 소파의 오른쪽에 붙인 강아지를 가리킬 때 유아에게 "오른쪽."이라고 말해 보라고 한다.
- 도움을 점차 줄여 간다.
- 수행되면 교사가 소파의 오른쪽에 붙인 강아지를 가리킬 때 유아 스스로 "오른쪽."이라고 말해 보라고 한다.
- 수행되면 교사가 소파의 왼쪽에 강아지를 붙이면서 "왼쪽~이라고 ♬ 말해 봐~요 ♬ 말해 봐~요 ♬"라고 노래를 부르며 "왼쪽."이라고 말하는 시범을 보인다.
- 유아에게 교사를 모방하여 소파의 왼쪽에 강아지를 붙인 후 "왼쪽."이라고 말해 보라고 한다.
- 말하지 못하면 '오른쪽'을 지도한 것과 같은 방법으로 지도한다.
- 수행되면 교사가 소파의 '오른쪽' 또는 '왼쪽'에 강아지 그림을 붙일 때 교사의 지

시에 따라 유아가 "오른쪽." 또는 "왼쪽."이라고 말할 수 있는지 확인한다.

- 수행되면 교사가 다른 물건이나 사물을 가지고 '오른쪽'과 '왼쪽'을 같은 방법으로 지도한다.
- 수행되면 '오른쪽'과 '왼쪽'에 놓인 다른 물건이나 사물을 보면서 유아 스스로 "오른쪽." 또는 "왼쪽."이라고 말해 보라고 한다.
- 수행되면 유아의 특성에 맞는 적절한 강화제를 제공한다.

☞ 교사가 손을 올릴 때 유아의 방향에서 오른손(교사가 왼손을 올려야 유아가 볼 때 오른손이 됨)과 왼손이 되도록 유의하도록 해야 한다.

☞ 상자의 오른쪽이나 왼쪽에 인형을 놓으면서 '오른쪽'과 '왼쪽'을 지도하는 방법도 있다.

☞ 소파 그림과 시소를 타고 있는 장면의 그림은 교사가 스티커를 제시한 후 유아에게 교사의 지시에 따라 오른쪽과 왼쪽에 스티커를 붙이게 하면서 '오른쪽'과 '왼쪽'을 말하도록 지도하는 방법도 있다.

☞ 방법 ❸은 교구로 제작하여 사용하면 편리하고 효과적이다. 소파와 강아지 그림은 코팅하거나 비닐로 씌운 후 까슬이를 붙여 놓고 하드보드지에는 보슬이를 붙이면 된다. 붙였다 뗐다 할 수 있으므로 위치를 다양하게 바꾸어 지도할 수 있어 활용도가 높다. 코팅지와 하드보드지는 문구점에서 구입할 수 있다.

5~6
세

91 반대말 말하기 I

5~6세

목표 | 반대말을 말할 수 있다.

자료 | 반대말을 지도할 수 있는 사물(예: 큰 사과와 작은 사과, 긴 연필과 짧은 연필), 여러 가지 반대말 그림, 강화제

방법 ❶

- 교사가 여러 가지 반대말(예: 크다/작다, 길다/짧다, 많다/적다 등)을 지도할 수 있는 사물이나 그림을 제시한 후 반대말을 설명해 준다.
- 교사가 여러 가지 반대말을 말하는 시범을 보인다.
- 유아에게 교사를 모방하여 교사가 반대적인 물건이나 그림을 제시할 때 반대말을 말해 보라고 한다.
- 수행되면 교사의 지시에 따라 유아 스스로 여러 가지 반대말을 말해 보라고 한다.
- 수행되면 유아의 특성에 맞는 적절한 강화제를 제공한다.

방법 ❷

- 교사가 여러 가지 반대말(예: 크다/작다, 길다/짧다, 많다/적다 등)을 지도할 수 있는 사물이나 그림을 제시한 후 반대말을 설명해 준다.
- 교사가 예를 들어 큰 사과를 가리키며 "크다."라고 말한 후, 작은 사과를 가리키며 '크다'의 반대는 "작다."라고 말하는 시범을 보인다.
- 유아에게 교사를 모방하여 큰 사과를 가리키며 "크다."라고 말하고, 작은 사과를 가리키며 "작다."라고 말해 보라고 한다.
- 말하지 못하면 교사가 '크다'와 '작다'가 반대라는 것을 반복하여 말해 준 후 유아에게 "크다."와 "작다."를 말해 보라고 한다.
- 수행되면 교사가 큰 사과를 가리키며 '크다'라고 말하는 입 모양과 작은 사과를

가리키며 '작다'라고 말하는 입 모양을 보여 주며 유아에게 "크다."와 "작다."를 말해 보라고 한다.

- 수행되면 교사가 큰 사과를 가리키며 '크다'라는 손동작과 함께 "크다."라고 말해 주고, 작은 사과를 가리키며 '작다'라는 손동작을 보여 주며 유아에게 "크다."와 "작다."를 말해 보라고 한다.
- 도움을 점차 줄여 간다.
- 수행되면 유아 스스로 큰 사과를 가리키며 "크다."라고 말하고, 작은 사과를 가리키며 '크다'의 반대는 "작다."라고 말해 보라고 한다.
- 수행되면 교사가 예를 들어 긴 연필과 짧은 연필을 제시한 후 '길다'와 '짧다'가 반대말이라는 설명을 해 준다.
- 교사가 긴 연필을 가리키며 "길다."라고 말한 후, 짧은 연필을 가리키며 '길다'의 반대는 "짧다."라고 말하는 시범을 보인다.
- 유아에게 교사를 모방하여 긴 연필을 가리키며 "길다."라고 말한 후, 짧은 연필을 가리키며 '길다'의 반대는 "짧다."라고 말해 보라고 한다.
- 말하지 못하면 '크다'와 '작다'를 지도한 것과 같은 방법으로 지도한다.
- 수행되면 교사가 '크다'의 반대말과 '길다'의 반대말을 물어볼 때 유아 스스로 '작다'와 '짧다'를 말해 보라고 한다.
- 수행되면 다른 반대말도 같은 방법으로 지도한다.
- 수행되면 교사가 여러 가지 반대적인 물건이나 그림을 제시할 때 유아 스스로 반대말을 말해 보라고 한다.
- 수행되면 유아의 특성에 맞는 적절한 강화제를 제공한다.

☞ 수행되면 확인을 위해 교사가 반대말을 물어볼 때 유아에게 반대 그림에 스티커를 붙이게 하거나 동그라미를 그리게 하면서 반대말을 말하도록 지도할 수 있다.

☞ 반대말을 지도할 수 있는 사진이나 그림을 오려서 코팅하거나 다음 그림을 복사하여 코팅한 후

교구로 제작하여 사용하면 편리하다. 반대말을 지도할 수 있는 사진이나 그림 뒷면에는 까슬이를 붙이고, 하드보드지에는 보슬이를 붙이면 된다. 쉽게 붙였다 뗐다 할 수 있으므로 위치를 다양하게 바꾸어 지도할 수 있어 활용도가 높다. 하드보드지와 코팅지는 문구점에서 구입할 수 있다.

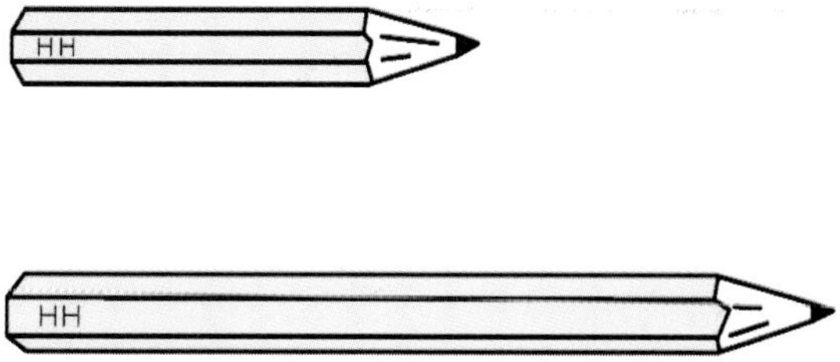
HH
HH

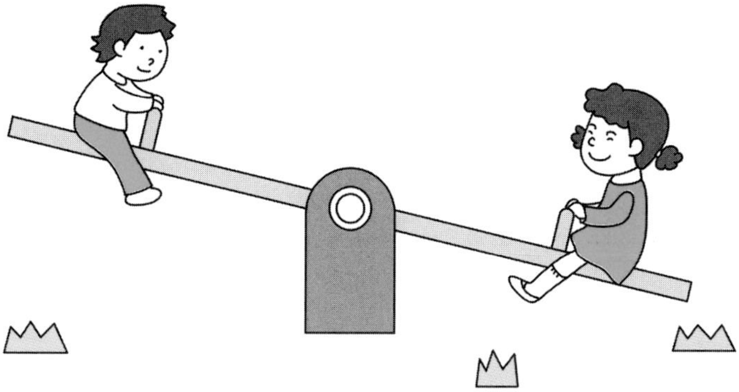

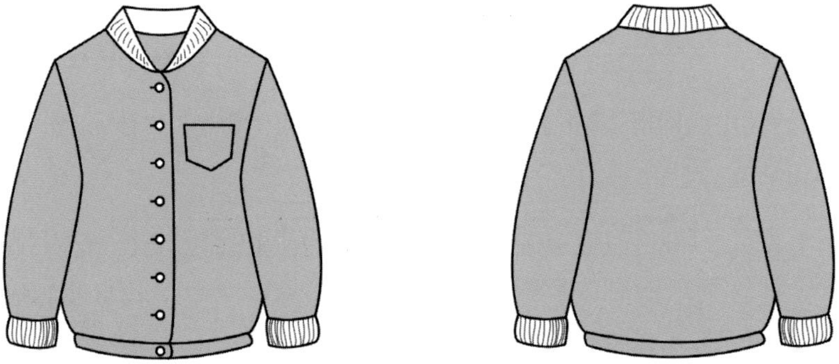

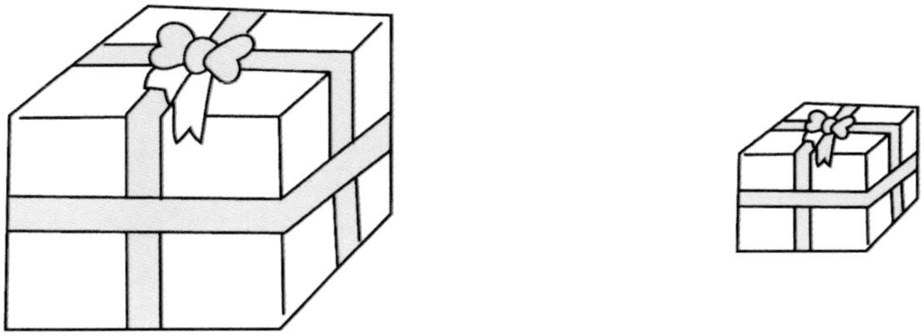

92 같은 종류 말하기

5~6세

목표 | 같은 종류를 말할 수 있다.

자료 | 과일, 음식, 탈것, 가구 등의 모형(실물)이나 또는 그림, 강화제

방법 ❶

- 교사가 과일, 음식, 탈것, 가구 등의 실물이나 모형 또는 그림을 제시한 후 같은 종류(예: 과일 – 사과, 바나나, 포도 등)를 설명해 준다.
- 교사가 과일, 음식, 탈것, 가구 등의 실물이나 모형 또는 그림을 제시한 후 같은 종류를 말하는 시범을 보인다.
- 유아에게 교사를 모방하여 같은 종류를 말해 보라고 한다.
- 수행되면 유아 스스로 같은 종류를 말해 보라고 한다.
- 수행되면 유아의 특성에 맞는 적절한 강화제를 제공한다.

방법 ❷

- 교사가 과일, 음식, 탈것, 가구 등의 실물이나 모형 또는 그림을 제시한 후 같은 종류(예: 과일 – 사과, 바나나, 포도 등)를 설명해 준다.
- 교사가 예를 들어 사과를 보여 준 후 사과와 같은 종류인 "바나나." "수박." "포도." 등을 말하는 시범을 보인다.
- 교사가 사과를 보여 줄 때 유아에게 교사를 모방하여 같은 종류인 "바나나." "수박." "포도." 등을 말해 보라고 한다.
- 말하지 못하면 교사가 과일 종류를 제시한 후 각 과일의 이름을 말해 주고 유아에게 사과와 같은 종류를 말해 보라고 한다.
- 말하지 못하면 교사가 예를 들어 바나나를 가리키며 유아에게 "바나나."라고 말해 보라고 한다.

- 수행되면 교사가 예를 들어 수박을 가리키며 유아에게 "수박." 이라고 말해 보라고 한다.
- 수행되면 교사가 예를 들어 포도를 가리키며 유아에게 "포도." 라고 말해 보라고 한다.
- 수행되면 교사가 예를 들어 귤을 가리키며 유아에게 "귤." 이라고 말해 보라고 한다.
- 도움을 점차 줄여 간다.
- 수행되면 교사가 사과와 같은 종류를 물어볼 때 유아 스스로 "바나나." "수박." "포도." "귤." 이라고 말해 보라고 한다.
- 수행되면 교사가 예를 들어 기차를 보여 준 후 기차와 같은 종류인 "자동차." "비행기." "자전거." "트럭." 등을 말하는 시범을 보인다.
- 교사가 기차를 보여 줄 때 유아에게 교사를 모방하여 기차와 같은 종류인 "자동차." "비행기." "자전거." "트럭." 등을 말해 보라고 한다.
- 말하지 못하면 과일을 지도한 것과 같은 방법으로 지도한다.
- 수행되면 다른 물건들도 같은 종류를 말할 수 있는지 확인한다.
- 수행되면 유아의 특성에 맞는 적절한 강화제를 제공한다.

☞ 실물로 지도할 수 있는 종류(예: 과일 등)는 가능하면 실물로 지도하고 실물로 지도하기가 힘든 경우에는 모형이나 그림으로 지도하는 것이 효과적이다.

☞ 수행되면 확인을 위해 그림을 제시한 후 같은 종류의 그림에 동그라미를 그리게 하거나 스티커 붙이기, 또는 도장을 찍게 하면서 같은 종류를 말하도록 지도하는 방법도 있다. 특히 시판되고 있는 도장은 동물 모양이나 과일, 수 등 다양한 그림들이 새겨져 있어 유아들이 흥미 있게 과제를 수행하는 데 도움이 될 수 있다.

☞ 과일, 음식, 탈것, 가구 등의 사진 및 그림을 오려서 코팅하거나 다음 사진을 복사하여 코팅한 후 교구로 제작하여 사용하면 편리하다. 과일, 음식, 탈것, 가구 등의 그림 뒷면에는 까슬이를 붙이고, 하드보드지에는 보슬이를 붙이면 된다. 쉽게 붙였다 뗐다 할 수 있으므로 위치를 다양하게 바꾸어 지도할 수 있어 활용도가 높다. 하드보드지와 코팅지는 문구점에서 구입할 수 있다.

KORAIL

LARVA

1339

벨라지오

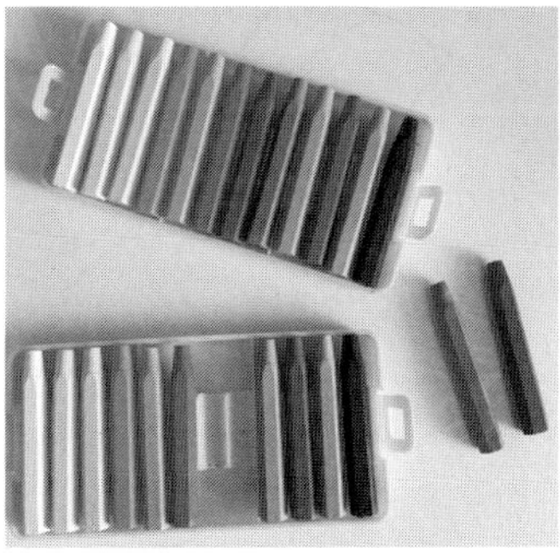

5~6
세

My
Sweet lady
Luby

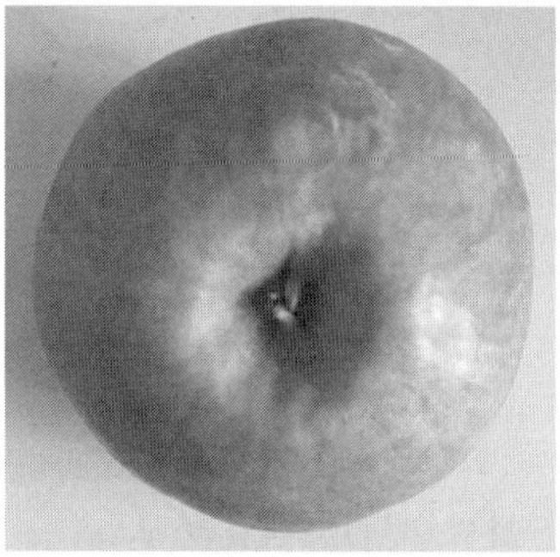

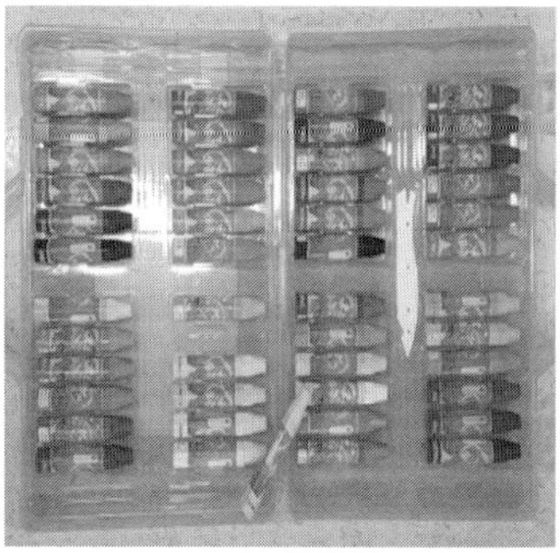

토리

4B점보 미술용
화랑

COCOMONG

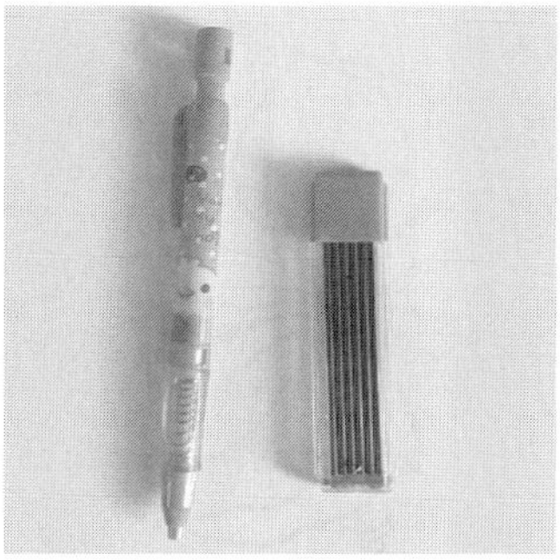

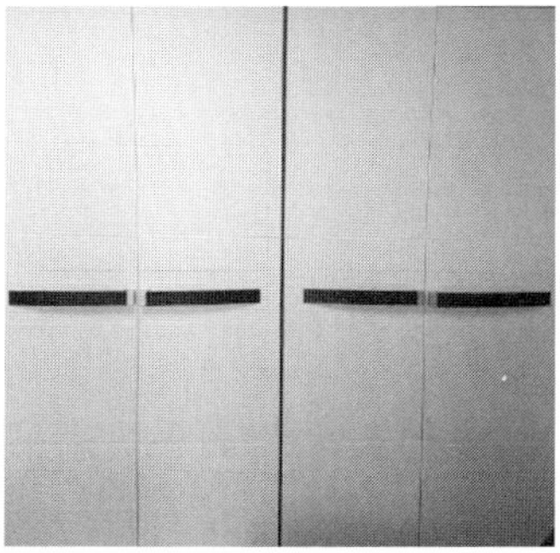

93 상황에 맞는 인사말 하기

5~6세

목표 | 상황에 맞는 인사말을 할 수 있다.

자료 | 다양한 상황의 인사말 그림, 강화제

방법 ❶

- 교사가 인사를 해야 할 다양한 상황의 그림(예: 친구나 선생님을 만난 상황)을 제시한 후 각 상황에 맞게 인사말("안녕." 또는 "안녕하세요.")을 하는 시범을 보인다.
- 유아에게 교사를 모방하여 각 상황에 맞는 인사말을 해 보라고 한다.
- 수행되면 교사가 인사를 해야 할 다양한 상황의 그림을 제시한 후 유아 스스로 각 상황에 맞는 인사말을 해 보라고 한다.
- 수행되면 유아의 특성에 맞는 적절한 강화제를 제공한다.

방법 ❷

- 교사가 인사를 해야 할 다양한 상황의 그림(예: 친구나 선생님을 만난 상황)을 제시한 후 각 상황에 맞게 인사말("안녕." 또는 "안녕하세요.")을 하는 시범을 보인다.
- 유아에게 교사를 모방하여 각 상황에 맞는 인사말을 해 보라고 한다.
- 말하지 못하면 교사가 예를 들어 선생님을 만난 상황이나 친구를 만난 상황의 그림을 제시한 후 어떻게 인사를 하는지 설명한다.
- 교사가 "안~녕, 안녕 ♬ 선~생님. 안~녕 ♬ 안녕 친구들~ ♬ 선생님, 안녕하세요~ ♬"라고 노래를 부르며 "안녕하세요(안녕)."라고 말하는 시범을 보인다.
- 유아에게 교사를 모방하여 "안녕하세요."라고 말해 보라고 한다.
- 말하지 못하면 교사가 "안녕하세요."라고 반복하여 말해 준 후 유아에게 "안녕하세요."라고 말해 보라고 한다.
- 수행되면 교사가 "안녕."이라고 말해 준 후 유아에게 "하세요."라고 말해 보라고

한다.

- 수행되면 교사가 "안."이라고 첫소리를 말해 준 후 유아에게 "안녕하세요."라고 말해 보라고 한다.
- 수행되면 교사가 '안녕하세요'라고 말하는 입 모양을 보여 주며 유아에게 "안녕하세요."라고 말해 보라고 한다.
- 수행되면 교사가 고개를 숙여 인사하는 동작을 보여 주며 유아에게 "안녕하세요."라고 말해 보라고 한다.
- 도움을 점차 줄여 간다.
- 수행되면 교사가 선생님을 만난 상황이나 친구를 만난 상황의 그림을 제시할 때 유아 스스로 "안녕하세요(안녕)."라고 말해 보라고 한다.
- 수행되면 교사가 예를 들어 엄마 혹은 선생님이 간식을 주는 상황의 그림을 보여 주거나 교사가 간식을 유아에게 제공한다.
- 교사가 "두 손 짝~ ♬ (머리 위에서) ♬ 소리 없이 짝~(가슴 앞에서)♬ 맛있는 간식 ♬ 잘 먹~겠습니다 ♬"라고 노래를 부르며 "잘 먹겠습니다."라고 말하는 시범을 보인다.
- 유아에게 교사를 모방하여 "잘 먹겠습니다."라고 말해 보라고 한다.
- 말하지 못하면 '안녕하세요'를 지도한 것과 같은 방법으로 지도한다.
- 수행되면 교사가 간식을 줄 때 또는 엄마 혹은 선생님이 간식을 주는 상황의 그림을 보여줄 때 유아 스스로 "잘 먹겠습니다."라고 말해 보라고 한다.
- 수행되면 교사가 예를 들어 친구가 쌓아 놓은 블록을 쓰러뜨리는 상황의 그림을 제시한 후 "미안 미안해 ♬ 미안 미안해 ♬ 둘~이는 서로 서로 ♬ 사과 했~다네 ♬"라고 노래를 부르며 "미안해."라고 말하는 시범을 보인다.
- 유아에게 교사를 모방하여 "미안해."라고 말해 보라고 한다.
- 말하지 못하면 '안녕하세요'를 지도한 것과 같은 방법으로 지도한다.
- 수행되면 교사가 인사를 해야 할 다양한 상황의 그림을 제시한 후 유아 스스로 각 상황에 맞는 인사말을 해 보라고 한다.

• 수행되면 유아의 특성에 맞는 적절한 강화제를 제공한다.

☞ 인사를 지도할 경우 스토리텔링(Storytelling), 즉 하나의 이야기 형식으로 꾸며서 지도해도 효과적이다. 예를 들어 "○○가 아침에 선생님을 만나서 '안녕하세요.'라고 인사를 한 후 친구들과 놀다가 선생님께서 간식을 주셔서 '잘 먹겠습니다.'라고 인사를 했어요. 그리고 친구들과 블록 쌓기를 하다가 친구의 블록을 쓰러뜨렸어요. 그래서 ○○가 '미안해.'라고 말한 후 집으로 돌아올 때 선생님께 '안녕히 계세요.'라고 인사를 했어요."라고 이야기를 꾸며 들려주면서 자연스럽게 인사를 지도하면 효과적이다. 이야기하고자 하는 순서대로 그림카드를 만든 후 그림카드를 순서대로 제시하면서 지도하면 된다.

안녕하세요

잘 먹겠습니다

미안해

안녕

고맙습니다.

유치원에 다녀오겠습니다.

안녕히 주무셨어요?

축하합니다.

친구야! 잘 가~

미안합니다.

잘 먹겠습니다.

94 여덟 가지 색 표현하기

5~6세

목표 | 여덟 가지 색을 말할 수 있다.

자료 | 빨간색, 노란색, 파란색, 흰색, 검은색, 보라색, 초록색, 주황색 등의 여덟 가지 색카드, 여덟 가지 색깔의 크레파스와 스티커, 그림자료, 강화제

방법 ❶

- 빨간색, 노란색, 파란색, 흰색, 검은색은 앞 단계에서 수행하였으므로 확인한 후 시행하도록 한다.
- 교사가 예를 들어 보라색, 초록색, 주황색 카드를 제시한 후, 각 색의 이름을 말하는 시범을 보인다.
- 유아에게 교사를 모방하여 각 색의 이름을 말해 보라고 한다.
- 수행되면 교사가 여덟 가지 색카드(빨간색, 노란색, 파란색, 흰색, 검은색, 보라색, 초록색, 주황색)를 제시한 후 유아 스스로 각 색의 이름을 말해 보라고 한다.
- 수행되면 교사가 색카드의 위치를 바꾸어 물어볼 때 유아 스스로 각 색의 이름을 말해 보라고 한다.
- 수행되면 유아의 특성에 맞는 적절한 강화제를 제공한다.

방법 ❷

- 빨간색, 노란색, 파란색, 흰색, 검은색은 앞 단계에서 수행하였으므로 확인한 후 시행하도록 한다.
- 교사가 예를 들어 보라색 카드를 제시한 후 "보라색이라고 ♬ 말~해 봐요 ♬ 말~해 봐요 ♬"라고 노래를 부르며 "보라색."이라고 말하는 시범을 보인다.
- 유아에게 교사를 모방하여 "보라색."이라고 말해 보라고 한다.
- 모방하지 못하면 교사가 "보라색."이라고 반복하여 말해 준 후 유아에게 "보라

색." 이라고 말해 보라고 한다.

- 수행되면 교사가 "보." 라고 첫소리를 말해 준 후 유아에게 "보라색." 이라고 말해 보라고 한다.
- 수행되면 교사가 '보라색' 이라고 말하는 입 모양을 보여 주며 유아에게 "보라색." 이라고 말해 보라고 한다.
- 수행되면 교사가 '보라색' 카드를 가리키며 '포도'와 같은 색이라고 말해 준 후 유아에게 "보라색." 이라고 말해 보라고 한다.
- 도움을 점차 줄여 간다.
- 수행되면 유아 스스로 "보라색." 이라고 말해 보라고 한다.
- 수행되면 교사가 예를 들어 '초록색' 카드를 제시한 후 "초록색이라고 ♬ 말~해 봐요 ♬ 말~해 봐요 ♬" 라고 노래를 부르며 "초록색." 이라고 말하는 시범을 보인다.
- 유아에게 교사를 모방하여 "초록색." 이라고 말해 보라고 한다.
- 말하지 못하면 '보라색' 을 지도한 것과 같은 방법으로 지도한다.
- 수행되면 교사가 '보라색' 과 '초록색' 을 제시한 후 각 색을 물어볼 때 유아 스스로 "보라색." 또는 "초록색." 이라고 말해 보라고 한다.
- 수행되면 교사가 예를 들어 '주황색' 카드를 제시한 후 "주황색이라고 ♬ 말~해 봐요 ♬ 말~해 봐요 ♬" 라고 노래를 부르며 "주황색." 이라고 말하는 시범을 보인다.
- 유아에게 교사를 모방하여 "주황색." 이라고 말해 보라고 한다.
- 말하지 못하면 '보라색' 을 지도한 것과 같은 방법으로 지도한다.
- 수행되면 교사가 여덟 가지 색카드(빨간색, 노란색, 파란색, 흰색, 검은색, 보라색, 초록색, 주황색)를 제시한 후 유아 스스로 각 색의 이름을 말해 보라고 한다.
- 수행되면 교사가 여덟 가지 색카드의 위치를 다양하게 바꾸어 물어볼 때 유아 스스로 각 색의 이름을 말해 보라고 한다.
- 수행되면 유아의 특성에 맞는 적절한 강화제를 제공한다.

방법 ❸

- 빨간색, 노란색, 파란색, 흰색, 검은색은 앞 단계에서 수행하였으므로 확인한 후 시행하도록 한다.
- 교사가 예를 들어 포도 그림을 제시한 후 "보라색을 ♬ 색칠 해~요 ♬ 색칠 해~요 ♬"라고 노래를 부르며 보라색을 색칠하면서 "보라색."이라고 말하는 시범을 보인다.
- 유아에게 교사를 모방하여 포도 그림에 '보라색'을 색칠하면서 "보라색."이라고 말해 보라고 한다.
- 말하지 못하면 교사가 "보라색."이라고 반복하여 말해 준 후 유아에게 "보라색."이라고 말해 보라고 한다.
- 수행되면 교사가 "보."라고 첫소리를 말해 준 후 유아에게 "보라색."이라고 말해 보라고 한다.
- 수행되면 교사가 '보라색'이라고 말하는 입 모양을 보여 주며 유아에게 "보라색."이라고 말해 보라고 한다.
- 도움을 점차 줄여 간다.
- 수행되면 유아 스스로 "보라색."이라고 말해 보라고 한다.
- 수행되면 교사가 예를 들어 수박 그림을 제시한 후 "초록색을 ♬ 색칠 해~요 ♬ 색칠 해~요 ♬"라고 노래를 부르며 수박 그림에 '초록색'을 색칠하면서 "초록색."이라고 말하는 시범을 보인다.
- 유아에게 교사를 모방하여 수박 그림에 '초록색'을 색칠하면서 "초록색."이라고 말해 보라고 한다.
- 말하지 못하면 '보라색'을 지도한 것과 같은 방법으로 지도한다.
- 수행되면 교사가 여덟 가지 색카드를 제시한 후 유아 스스로 각 색의 이름을 말해 보라고 한다.
- 수행되면 교사가 여덟 가지 색카드의 위치를 다양하게 바꾸어 물어볼 때 유아 스스로 각 색의 이름을 말해 보라고 한다.

- 수행되면 유아의 특성에 맞는 적절한 강화제를 제공한다.

방법 ❹

- 빨간색, 노란색, 파란색, 흰색, 검은색은 앞 단계에서 수행하였으므로 확인한 후 시행하도록 한다.
- 교사가 사과, 바나나, 도라지꽃, 눈사람, 자동차, 포도, 수박, 귤 그림을 제시한 후 교사가 각 그림에 '빨간색(사과)' '노란색(바나나)' '파란색(도라지 꽃)' '하얀색(눈사람)' '검은색(자동차)' '보라색(포도)' '초록색(수박)' '주황색(귤)' 스티커를 붙이면서 각 색을 말하는 시범을 보인다.
- 유아에게 교사를 모방하여 각 그림에 '빨간색' '노란색' '파란색' '하얀색' '검은색' '보라색' '초록색' '주황색' 스티커를 붙이면서 "빨간색." "노란색." "파란색." "하얀색." "검은색." "보라색." "초록색." "주황색." 이라고 말해 보라고 한다.
- 말하지 못하면 교사가 예를 들어 포도 그림을 제시한 후 "보라색을 ♬ 붙여 봐~요 ♬ 붙여 봐~요 ♬" 라고 노래를 부르며 '보라색' 스티커를 붙이면서 "보라색." 이라고 말하는 시범을 보인다.
- 유아에게 교사를 모방하여 포도 그림에 '보라색' 스티커를 붙이면서 "보라색." 이라고 말해 보라고 한다.
- 말하지 못하면 교사가 "보라색." 이라고 반복하여 말해 준 후 유아에게 "보라색." 이라고 말해 보라고 한다.
- 수행되면 교사가 "보." 라고 첫소리를 말해 준 후 유아에게 "보라색." 이라고 말해 보라고 한다.
- 수행되면 교사가 '보라색' 이라고 말하는 입 모양을 보여 주며 유아에게 "보라색." 이라고 말해 보라고 한다.
- 도움을 점차 줄여 간다.
- 수행되면 유아 스스로 "보라색." 이라고 말해 보라고 한다.
- 수행되면 교사가 예를 들어 수박 그림을 제시한 후 "초록색을 ♬ 붙여 봐~요 ♬

붙여 봐~요 ♬" 라고 노래를 부르며 수박 그림에 '초록색' 스티커를 붙이면서 "초록색." 이라고 말하는 시범을 보인다.

- 유아에게 교사를 모방하여 수박 그림에 '초록색' 스티커를 붙이면서 "초록색." 이라고 말해 보라고 한다.
- 말하지 못하면 '보라색'을 지도한 것과 같은 방법으로 지도한다.
- 수행되면 교사가 여덟 가지 색카드를 제시한 후 유아 스스로 각 색의 이름을 말해 보라고 한다.
- 수행되면 교사가 여덟 가지 색카드의 위치를 다양하게 바꾸어 물어볼 때 유아 스스로 각 색의 이름을 말해 보라고 한다.
- 수행되면 유아의 특성에 맞는 적절한 강화제를 제공한다.

5～6
세

95 다른 그림 말하기

5~6세

목표 | 다른 그림을 말할 수 있다.

자료 | 같은 것과 다른 것이 그려져 있는 그림, 강화제

방법 ❶

- 교사가 같은 것 세 개와 다른 것이 한 개 그려져 있는 그림을 제시한 후 다른 그림을 말하는 시범을 보인다.
- 유아에게 교사를 모방하여 제시된 그림 중 다른 그림을 말해 보라고 한다.
- 수행되면 유아 스스로 제시된 그림 중 다른 그림을 말해 보라고 한다.
- 수행되면 유아의 특성에 맞는 적절한 강화제를 제공한다.

방법 ❷

- 교사가 예를 들어 자동차 세 대와 공이 그려져 있는 그림을 제시한 후 유아에게 다른 그림을 말해 보라고 한다.
- 말하지 못하면 교사가 "공이라고 ♬ 말해 봐~요 ♬ 말해 봐~요 ♬"라고 노래를 부르며 "공."이라고 말하는 시범을 보인다.
- 유아에게 교사를 모방하여 "공."이라고 말해 보라고 한다.
- 말하지 못하면 교사가 "공."이라고 반복하여 말해 준 후 유아에게 "공."이라고 말해 보라고 한다.
- 수행되면 교사가 '공'이라고 말하는 입 모양을 보여 주며 유아에게 "공."이라고 말해 보라고 한다.
- 수행되면 교사가 '공'을 가리키며 유아에게 "공."이라고 말해 보라고 한다.
- 도움을 점차 줄여 간다.
- 수행되면 교사가 제시된 그림 중 다른 그림을 물어볼 때 유아 스스로 "공."이라고

말해 보라고 한다.

- 수행되면 교사가 예를 들어 나비 세 마리와 말이 그려져 있는 그림을 제시한 후 유아에게 다른 그림을 말해 보라고 한다.
- 말하지 못하면 교사가 "말이라고 ♬ 말해 봐~요 ♬ 말해 봐~요 ♬"라고 노래를 부르며 "말."이라고 말하는 시범을 보인다.
- 유아에게 교사를 모방하여 "말."이라고 말해 보라고 한다.
- 말하지 못하면 '공'을 지도한 것과 같은 방법으로 지도한다.
- 수행되면 다른 그림들도 같은 방법으로 지도한다.
- 수행되면 유아 스스로 제시된 그림 중 다른 그림을 말해 보라고 한다.
- 수행되면 유아의 특성에 맞는 적절한 강화제를 제공한다.

☞ 다양한 물건이나 사물의 사진 및 그림을 오려서 코팅하거나 다음 그림을 복사하여 코팅한 후 교구로 제작하여 사용하면 편리하다. 다양한 물건이나 사물의 사진 및 그림 뒷면에는 까슬이를 붙이고, 하드보드지에는 보슬이를 붙이면 된다. 쉽게 붙였다 뗐다 할 수 있으므로 다양한 물건이나 사물의 사진 및 그림의 위치를 다양하게 바꾸어 지도할 수 있어 활용도가 높다. 하드보드지와 코팅지는 문구점에서 구입할 수 있다.

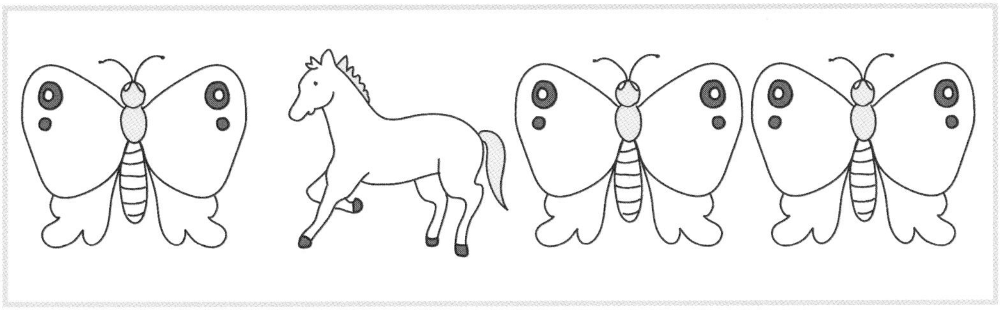

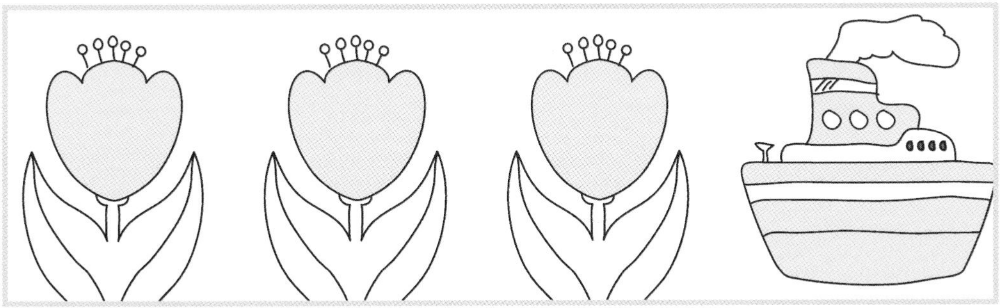

5～6 세

96 가전제품 말하기

5~6세

목표 | 가전제품을 말할 수 있다.

자료 | 다양한 가전제품의 실물(모형) 및 그림, 강화제

방법 ❶

- 교사가 각 가전제품의 그림을 제시하거나 각 가전제품이 비치되어 있는 장소에 유아를 데리고 다니면서 각 가전제품의 이름을 말하는 시범을 보인다.
- 유아에게 교사를 모방하여 각 가전제품의 이름을 말해 보라고 한다.
- 수행되면 교사가 각 가전제품을 가리킬 때 유아 스스로 각 가전제품의 이름을 말해 보라고 한다.
- 수행되면 유아의 특성에 맞는 적절한 강화제를 제공한다.

방법 ❷

- 교사가 각 가전제품의 그림을 제시하거나 각 가전제품이 비치되어 있는 장소에 유아를 데리고 다니면서 각 가전제품의 이름을 말하는 시범을 보인다.
- 유아에게 교사를 모방하여 각 가전제품의 이름을 말해 보라고 한다.
- 말하지 못하면 교사가 예를 들어 "냉장고라고 ♬ 말해 봐~요 ♬ 말해 봐~요 ♬" 라고 노래 부르며 "냉장고." 라고 말하는 시범을 보인다.
- 유아에게 교사를 모방하여 "냉장고." 라고 말해 보라고 한다.
- 말하지 못하면 교사가 "냉장고." 라고 반복하여 말해 준 후 유아에게 "냉장고." 라고 말해 보라고 한다.
- 수행되면 교사가 "냉." 이라고 첫소리를 말해 준 후 유아에게 "냉장고." 라고 말해 보라고 한다.
- 수행되면 교사가 '냉장고' 라고 말하는 입 모양을 보여 주며 유아에게 "냉장고." 라

고 말해 보라고 한다.

- 수행되면 교사가 '냉장고'를 가리키며 유아에게 "냉장고."라고 말해 보라고 한다.
- 도움을 점차 줄여 간다.
- 수행되면 교사가 '냉장고'를 가리킬 때 유아 스스로 "냉장고."라고 말해 보라고 한다.
- 수행되면 교사가 예를 들어 "텔레비전이라고 ♬ 말해 봐~요 ♬ 말해 봐~요 ♬" 라고 노래 부르며 "텔레비전." 이라고 말하는 시범을 보인다.
- 유아에게 교사를 모방하여 "텔레비전." 이라고 말해 보라고 한다.
- 말하지 못하면 '냉장고'를 지도한 것과 같은 방법으로 지도한다.
- 수행되면 다른 가전제품들도 같은 방법으로 지도한다.
- 수행되면 교사가 각 가전제품을 가리킬 때 유아 스스로 각 가전제품의 이름을 말해 보라고 한다.
- 수행되면 유아의 특성에 맞는 적절한 강화제를 제공한다.

☞ 실물로 지도한 경우 수행되면 그림으로 확인해 보도록 한다. 교사가 말하는 각 가전제품의 그림에 동그라미를 그리게 하거나 스티커 붙이기, 또는 도장을 찍도록 하면서 각 가전제품을 말하도록 지도하는 방법도 있다. 특히 시판되고 있는 도장은 동물 모양이나 과일, 수 등 다양한 그림들이 새겨져 있어 유아들이 흥미 있게 과제를 수행하는 데 도움이 될 수 있다.

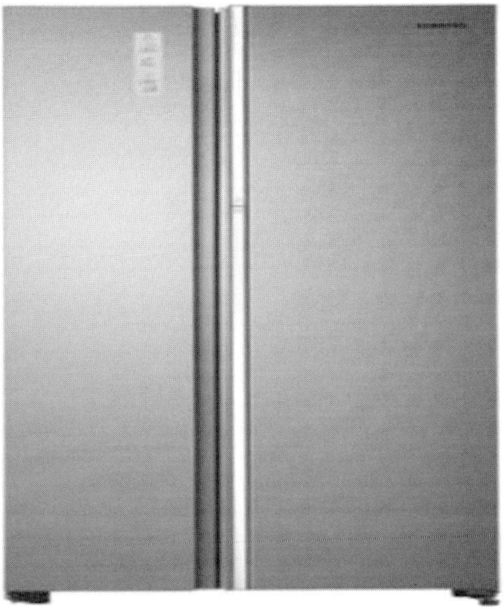

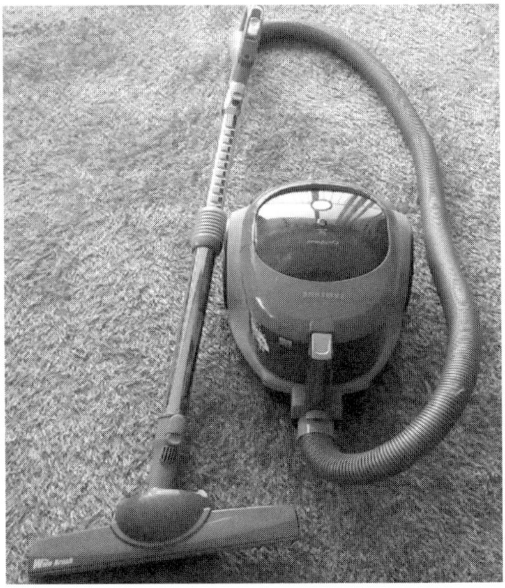

5~6
세

97 네 가지 맛 표현하기

5~6세

목표 | 네 가지 맛을 표현할 수 있다.

자료 | 접시 네 개, 꿀(설탕), 장아찌(소금), 레몬(식초), 김치(매운 떡볶이), 그림자료, 강화제

방법 ❶

- 교사가 네 개의 접시에 예를 들어 꿀(설탕), 장아찌(소금), 김치(매운 떡볶이), 레몬(식초)을 담아 유아 앞에 제시한 후 각 음식의 맛을 보게 한다.
- 교사가 각 음식을 맛보며 "달아요(달다)." "짜요(짜다)." "매워요(맵다)." "시어요(시다)." 라고 말하는 시범을 보인다.
- 유아에게 교사를 모방하여 각 음식을 맛보며 "달아요." "짜요." "매워요." "시어요."라고 말해 보라고 한다.
- 수행되면 교사가 각 음식을 가리킬 때 유아 스스로 "달아요." "짜요." "매워요." "시어요."라고 말해 보라고 한다.
- 수행되면 유아의 특성에 맞는 적절한 강화제를 제공한다.

방법 ❷

- 교사가 예를 들어 꿀(설탕)을 유아 앞에 제시한 후 꿀을 맛보며 "달아요라고 ♬ 말~해 봐요 ♬ 말~해 봐요 ♬"라고 노래를 부르며 "달아요."(달다)라고 말하는 시범을 보인다.
- 교사가 유아에게 꿀을 먹여준 후 유아에게 교사를 모방하여 "달아요."라고 말해 보라고 한다.
- 말하지 못하면 교사가 "달아요."라고 반복하여 말해 준 후 유아에게 "달아요."라고 말해 보라고 한다.
- 수행되면 교사가 "달."이라고 첫소리를 말해 준 후 유아에게 "달아요."라고 말해

보라고 한다.

- 수행되면 교사가 '달아요'라고 말하는 입 모양을 보여 주며 유아에게 "달아요."라고 말해 보라고 한다.
- 수행되면 교사가 꿀을 가리키며 유아에게 "달아요."라고 말해 보라고 한다.
- 도움을 점차 줄여 간다.
- 수행되면 교사가 꿀을 가리키거나 맛을 보여 줄 때 유아 스스로 "달아요."라고 말해 보라고 한다.
- 수행되면 교사가 예를 들어 장아찌(소금)를 유아 앞에 제시한 후 장아찌를 맛보며 "짜요라고 ♬ 말~해 봐요 ♬ 말~해 봐요 ♬"라고 노래를 부르며 "짜요(짜다)."라고 말하는 시범을 보인다.
- 교사가 유아에게 장아찌를 먹여 준 후 유아에게 교사를 모방하여 "짜요."라고 말해 보라고 한다.
- 말하지 못하면 '달아요'를 지도한 것과 같은 방법으로 지도한다.
- 수행되면 교사가 꿀과 장아찌를 가리키거나 맛을 보여 줄 때 유아 스스로 "달아요." 또는 "짜요."라고 말해 보라고 한다.
- 수행되면 매운맛과 신맛도 같은 방법으로 지도한다.
- 수행되면 교사가 각 음식의 위치를 다양하게 바꾸어 놓은 후 각 음식을 가리킬 때 유아 스스로 "달아요." "짜요." "매워요." "시어요."라고 말해 보라고 한다.
- 수행되면 유아의 특성에 맞는 적절한 강화제를 제공한다.

☞ 각 맛과 관련된 사진이나 그림을 오려서 코팅하거나 다음 그림을 복사하여 코팅한 후 교구로 제작하여 사용하면 편리하다. 각 맛과 관련된 사진이나 그림 뒷면에는 까슬이를 붙이고, 하드보드지에는 보슬이를 붙이면 된다.

꿀

설탕

사탕

고추장

5～6
세

98 '옆' 말하기

5~6세

목표 | '옆'을 말할 수 있다.

자료 | 상자, 인형, 과자, '옆'과 관련된 그림, 강화제

방법 ❶

- 교사가 예를 들어 상자 옆에 인형을 놓은 후 "옆."이라고 말하는 시범을 보인다.
- 유아에게 교사를 모방하여 "옆."이라고 말해 보라고 한다.
- 수행되면 유아 스스로 "옆."이라고 말해 보라고 한다.
- 수행되면 교사가 다양한 사물을 상자 또는 다른 물건의 옆에 놓은 후 유아 스스로 "옆."이라고 말해 보라고 한다.
- 수행되면 유아의 특성에 맞는 적절한 강화제를 제공한다.

방법 ❷

- 교사가 예를 들어 상자 옆에 인형을 놓은 후 "옆."이라고 말하는 시범을 보인다.
- 유아에게 교사를 모방하여 "옆."이라고 말해 보라고 한다.
- 말하지 못하면 교사가 "옆."이라고 반복하여 말해 준 후 유아에게 "옆."이라고 말해 보라고 한다.
- 수행되면 교사가 '옆'이라고 말하는 입 모양을 보여 주며 유아에게 "옆."이라고 말해 보라고 한다.
- 수행되면 교사가 상자 옆을 가리키며 유아에게 "옆."이라고 말해 보라고 한다.
- 도움을 점차 줄여 간다.
- 수행되면 교사가 상자 옆을 가리킬 때 유아 스스로 "옆."이라고 말해 보라고 한다.
- 수행되면 교사가 다양한 사물을 상자 또는 다른 물건의 옆에 놓은 후 유아 스스로 "옆."이라고 말해 보라고 한다.

• 수행되면 유아의 특성에 맞는 적절한 강화제를 제공한다.

☞ 수행되면 확인을 위해 예를 들어 상자, 바구니, 소파 그림을 제시한 후 상자, 바구니, 소파 그림 옆에 스티커를 붙이게 하거나 또는 도장을 찍으면서 '옆'이라고 말하도록 지도하는 방법도 있다. 특히 시판되고 있는 도장은 동물 모양이나 과일, 수 등 다양한 그림들이 새겨져 있어 유아들이 흥미 있게 과제를 수행하는 데 도움이 될 수 있다.

☞ 다음 그림을 복사하여 코팅한 후 교구로 제작하여 사용하면 편리하다. 각 그림의 뒷면에는 까슬이를 붙이고, 하드보드지에는 보슬이를 붙이면 된다. 쉽게 붙였다 뗐다 할 수 있으므로 상자나 바구니, 소파 등의 옆에 붙이는 그림의 위치를 다양하게 바꾸어 지도할 수 있어 활용도가 높다. 하드보드지와 코팅지는 문구점에서 구입할 수 있다.

5～6
세

99 상황에 적절한 말하기

5~6세

목표 | 상황에 적절한 말을 할 수 있다.

자료 | 다양한 상황과 관련된 그림, 강화제

방법 ❶

- 교사가 다양한 상황의 그림(예: 목이 마른데 물이 없을 때, 화장실에 화장지가 없을 때 등)을 유아 앞에 제시한 후 각 상황에 적절한 말을 하는 시범을 보인다.
- 유아에게 교사를 모방하여 다양한 상황에 적절한 말을 해 보라고 한다.
- 수행되면 교사가 다양한 상황의 그림을 가리킬 때 유아 스스로 각 상황에 적절한 말을 해 보라고 한다.
- 수행되면 유아의 특성에 맞는 적절한 강화제를 제공한다.

방법 ❷

- 교사가 다양한 상황의 그림(예: 목이 마른데 물이 없을 때, 음식이 매울 때 등)을 유아 앞에 제시한 후 각 상황에 적절한 말을 하는 시범을 보인다.
- 유아에게 교사를 모방하여 다양한 상황에 적절한 말을 해 보라고 한다.
- 말하지 못하면 교사가 예를 들어 목이 마른데 물이 없을 경우 "물 주세요(없어요)." 라고 말하는 시범을 보인다.
- 유아에게 교사를 모방하여 "물 주세요."라고 말해 보라고 한다.
- 말하지 못하면 교사가 "물 주세요."라고 반복하여 말해 준 후 유아에게 "물 주세요."라고 말해 보라고 한다.
- 수행되면 교사가 "물."이라고 첫소리를 말해 준 후 유아에게 "주세요."라고 말해 보라고 한다.
- 수행되면 교사가 '물 주세요'라고 말하는 입 모양을 보여 주며 유아에게 "물 주세

요."라고 말해 보라고 한다.

- 수행되면 교사가 물 마시는 동작을 보여 주며 유아에게 "물 주세요."라고 말해 보라고 한다.
- 수행되면 교사가 물을 가리키며 유아에게 "물 주세요."라고 말해 보라고 한다.
- 도움을 점차 줄여 간다.
- 수행되면 목이 마른데 물이 없을 경우 유아 스스로 "물 주세요."라고 말해 보라고 한다.
- 수행되면 교사가 예를 들어 화장실에 휴지가 없을 때 "휴지 주세요(없어요)."라고 말하는 시범을 보인다.
- 유아에게 교사를 모방하여 "휴지 주세요."라고 말해 보라고 한다.
- 말하지 못하면 '물'이 없는 상황을 지도한 것과 같은 방법으로 지도한다.
- 수행되면 다른 상황의 그림도 같은 방법으로 지도한다.
- 수행되면 교사가 다양한 상황의 그림을 가리킬 때 유아 스스로 각 상황에 적절한 말을 해 보라고 한다.
- 수행되면 유아의 특성에 맞는 적절한 강화제를 제공한다.

100 그림에 없는 한 부분 말하기 5~6세

목표 | 그림에 없는 한 부분을 말할 수 있다.

자료 | 한 부분이 없는 그림, 강화제

방법 ❶

- 교사가 한 부분이 없는 다양한 그림(예: 나비의 날개가 없는 그림)을 유아 앞에 제시한 후 그림에 없는 한 부분을 말하는 시범을 보인다.
- 유아에게 교사를 모방하여 그림에 없는 한 부분을 말해 보라고 한다.

- 수행되면 유아 스스로 그림에 없는 한 부분을 말해 보라고 한다.
- 수행되면 교사가 한 부분이 없는 그림의 위치를 다양하게 바꾸어 놓은 후 유아에게 그림에 없는 한 부분을 스스로 말해 보라고 한다.
- 수행되면 유아의 특성에 맞는 적절한 강화제를 제공한다.

방법 ❷

- 교사가 예를 들어 한쪽 날개가 없는 나비의 그림을 제시한 후 "날개가 없어요."라고 말하는 시범을 보인다.
- 유아에게 교사를 모방하여 "날개가 없어요."라고 말해 보라고 한다.
- 말하지 못하면 교사가 "날개가 없어요."라고 반복하여 말해 준 후 유아에게 "날개가 없어요."라고 말해 보라고 한다.
- 수행되면 교사가 "날개가."라고 말해 준 후 유아에게 "날개가 없어요."라고 말해 보라고 한다.
- 수행되면 교사가 "날."이라고 첫소리를 말해 준 후 유아에게 "날개가 없어요."라고 말해 보라고 한다.
- 수행되면 교사가 '날개가 없어요'라고 말하는 입 모양을 보여 주며 유아에게 "날개가 없어요."라고 말해 보라고 한다.
- 수행되면 교사가 날개를 흔드는 몸짓을 보여 주며 유아에게 "날개가 없어요."라고 말해 보라고 한다.
- 수행되면 교사가 한쪽 날개가 없는 나비의 그림을 가리키며 유아에게 "날개가 없어요."라고 말해 보라고 한다.
- 도움을 점차 줄여 간다.
- 수행되면 교사가 한쪽 날개가 없는 나비의 그림을 제시할 때 유아 스스로 "날개가 없어요."라고 말해 보라고 한다.
- 수행되면 교사가 예를 들어 한쪽 다리가 없는 말의 그림을 제시한 후 "다리가 없어요."라고 말하는 시범을 보인다.

• 유아에게 교사를 모방하여 "다리가 없어요."라고 말해 보라고 한다.

• 말하지 못하면 '한쪽 날개가 없는 나비'의 그림을 지도한 것과 같은 방법으로 지도한다.

• 수행되면 한 부분이 없는 다른 그림들도 같은 방법으로 지도한다.

• 수행되면 교사가 한 부분이 없는 그림의 위치를 다양하게 바꾸어 놓은 후 유아에게 그림에 없는 한 부분을 스스로 말해 보라고 한다.

• 수행되면 유아의 특성에 맞는 적절한 강화제를 제공한다.

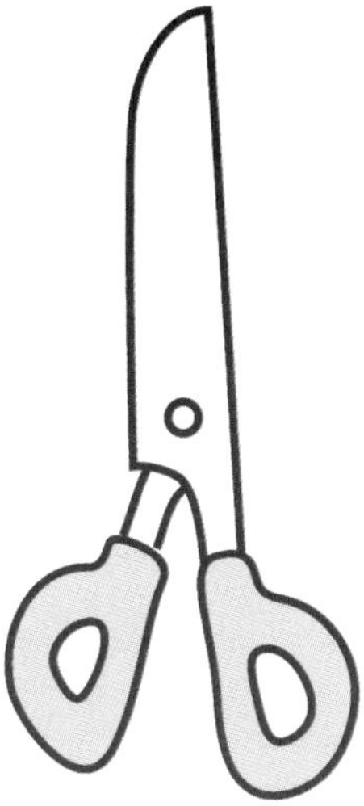

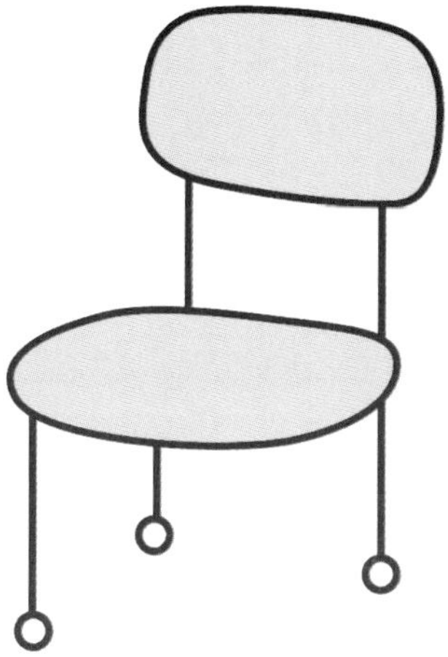

101 "더 많다." 말하기

5~6세

목표 | "더 많다."라고 말할 수 있다.

자료 | 사탕, 모자, 딸기, 공, 더 많은 것과 관련된 그림, 스티커, 강화제

방법 ❶

- 교사가 다양한 물건(예: 사탕, 모자, 딸기, 공)을 유아 앞에 제시한 후 각각의 물건 중 더 많은 것을 가리키며 "더 많다."라고 말하는 시범을 보인다.
- 유아에게 교사를 모방하여 각각의 물건 중 더 많은 것을 가리키며 "더 많다."라고 말해 보라고 한다.
- 수행되면 유아 스스로 더 많은 것을 가리키며 "더 많다."라고 말해 보라고 한다.
- 수행되면 교사가 다양한 물건들을 제시한 후 더 많은 것을 가리킬 때 유아 스스로 "더 많다."라고 말해 보라고 한다.
- 수행되면 교사가 각각의 물건 위치를 다양하게 바꾸어 놓은 후 유아에게 각 물건 중 더 많은 것을 가리키며 "더 많다."라고 말해 보라고 한다.
- 수행되면 유아의 특성에 맞는 적절한 강화제를 제공한다.

방법 ❷

- 교사가 예를 들어 사탕 한 개와 네 개를 제시한 후 사탕 네 개를 가리키며 "더 많다."라고 말하는 시범을 보인다.
- 유아에게 교사를 모방하여 사탕 네 개를 가리키며 "더 많다."라고 말해 보라고 한다.
- 말하지 못하면 교사가 "더 많다."라고 반복하여 말해 준 후 유아에게 "더 많다."라고 말해 보라고 한다.
- 수행되면 교사가 "더."라고 첫소리를 말해 준 후 유아에게 "더 많다."라고 말해 보라고 한다.

- 수행되면 교사가 "더 많다."라고 말하는 입 모양을 보여 주며 유아에게 "더 많다."라고 말해 보라고 한다.
- 도움을 점차 줄여 간다.
- 수행되면 교사가 사탕 한 개와 네 개를 제시한 후 사탕 네 개를 가리킬 때 유아 스스로 "더 많다."라고 말해 보라고 한다.
- 수행되면 교사가 예를 들어 공 한 개와 세 개를 제시한 후 공 세 개를 가리키며 "더 많다."라고 말하는 시범을 보인다.
- 유아에게 교사를 모방하여 공 세 개를 가리키며 "더 많다."라고 말해 보라고 한다.
- 말하지 못하면 사탕을 지도한 것과 같은 방법으로 지도한다.
- 수행되면 교사가 다양한 물건들을 제시한 후 더 많은 것을 가리킬 때 유아 스스로 "더 많다."라고 말해 보라고 한다.
- 수행되면 유아의 특성에 맞는 적절한 강화제를 제공한다.

방법 ❸

- 교사가 예를 들어 코끼리가 여덟 마리 그려져 있는 그림과 토끼가 다섯 마리 그려져 있는 그림을 제시한다.
- 교사가 코끼리가 여덟 마리 그려져 있는 그림을 가리키며 "더 많다."라고 말한 후 스티커를 붙이는 시범을 보인다.
- 유아에게 교사를 모방하여 코끼리가 여덟 마리 그려져 있는 그림을 가리키며 "더 많다."라고 말한 후 스티커를 붙여 보라고 한다.
- 말하지 못하면 교사가 "더 많다."라고 반복하여 말해 준 후 유아에게 "더 많다."라고 말하면서 스티커를 붙여 보라고 한다.
- 수행되면 교사가 "더."라고 첫소리를 말해 준 후 유아에게 "더 많다."라고 말하면서 스티커를 붙여 보라고 한다.
- 수행되면 교사가 "더 많다."라고 말하는 입 모양을 보여 주며 유아에게 "더 많다."라고 말해 보라고 한다.

• 도움을 점차 줄여 간다.
• 수행되면 교사가 코끼리 여덟 마리를 가리킬 때 유아 스스로 "더 많다."라고 말하면서 스티커를 붙여 보라고 한다.
• 수행되면 교사가 예를 들어 말 세 마리와 꽃 다섯 송이가 그려져 있는 그림을 제시한 후 꽃 다섯 송이가 그려져 있는 그림을 가리키며 "더 많다."라고 말한 후 스티커를 붙이는 시범을 보인다.
• 유아에게 교사를 모방하여 꽃 다섯 송이가 그려져 있는 그림을 가리키며 "더 많다."라고 말한 후 스티커를 붙여 보라고 한다.
• 말하지 못하면 코끼리 여덟 마리를 지도한 것과 같은 방법으로 지도한다.
• 수행되면 교사가 다양한 물건들을 제시한 후 더 많은 것을 가리킬 때 유아 스스로 "더 많다."라고 말하면서 스티커를 붙여 보라고 한다.
• 수행되면 교사가 각각의 물건 위치를 다양하게 바꾸어 놓은 후 더 많은 것을 가리킬 때 유아 스스로 "더 많다."라고 말하면서 스티커를 붙여 보라고 한다.
• 수행되면 유아의 특성에 맞는 적절한 강화제를 제공한다.

☞ 더 많은 것에 동그라미를 그리게 하거나 색칠을 하게 하면서 "더 많다."라고 말하도록 지도하는 방법도 있다.

☞ 교사가 시판되고 있는 도장을 이용하여 유아에게 도장을 찍게 한 후 유아보다 더 많은 도장을 찍어 '더 많다'를 지도하거나, 반대로 교사가 특정한 수만큼 도장을 찍은 후 유아에게 교사보다 더 많은 도장을 찍게 하여 놀이식으로 '더 많다'를 지도할 수 있다.

☞ 다양한 물건의 사진 및 그림을 오려서 코팅하거나 다음 그림을 복사하여 코팅한 후 교구로 제작하여 사용하면 편리하다. 다양한 물건의 그림 뒷면에는 까슬이를 붙이고, 하드보드지에는 보슬이를 붙이면 된다. 쉽게 붙였다 뗐다 할 수 있으므로 위치를 다양하게 바꾸어 지도할 수 있어 활용도가 높다. 하드보드지와 코팅지는 문구점에서 구입할 수 있다.

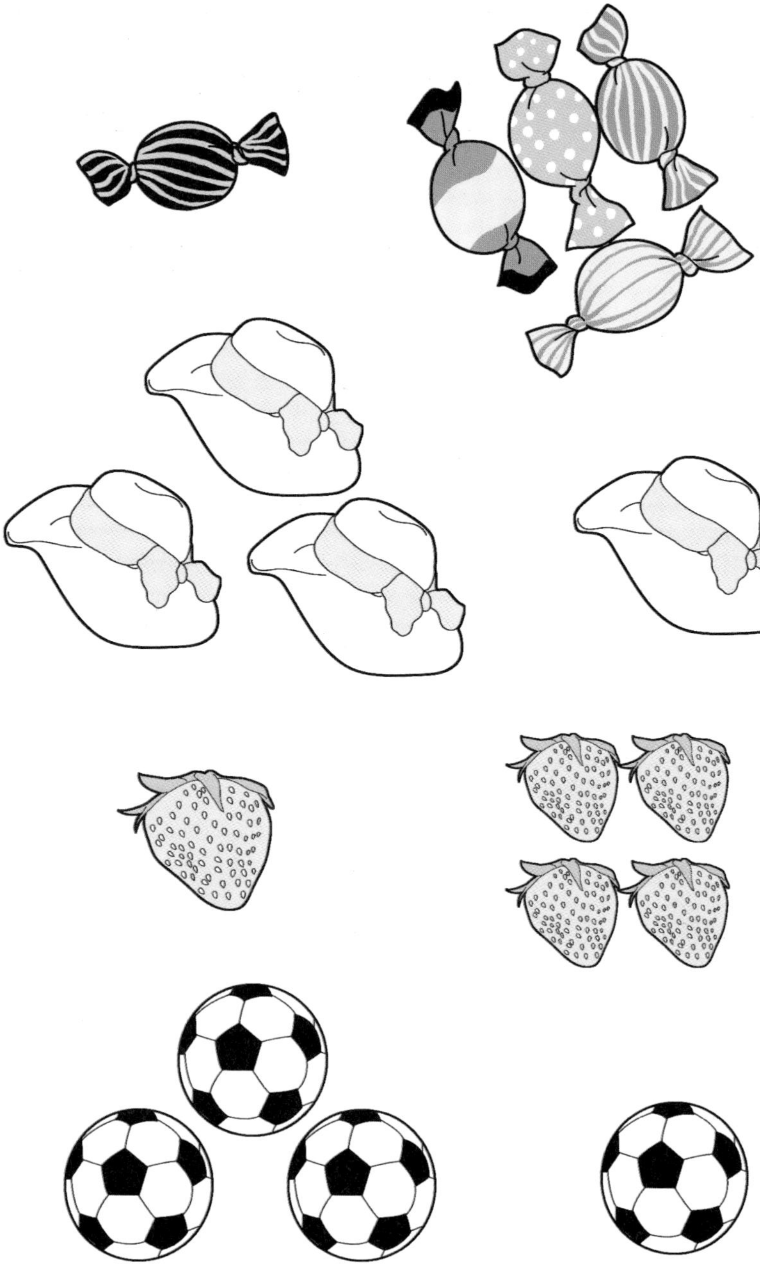

5~6
세

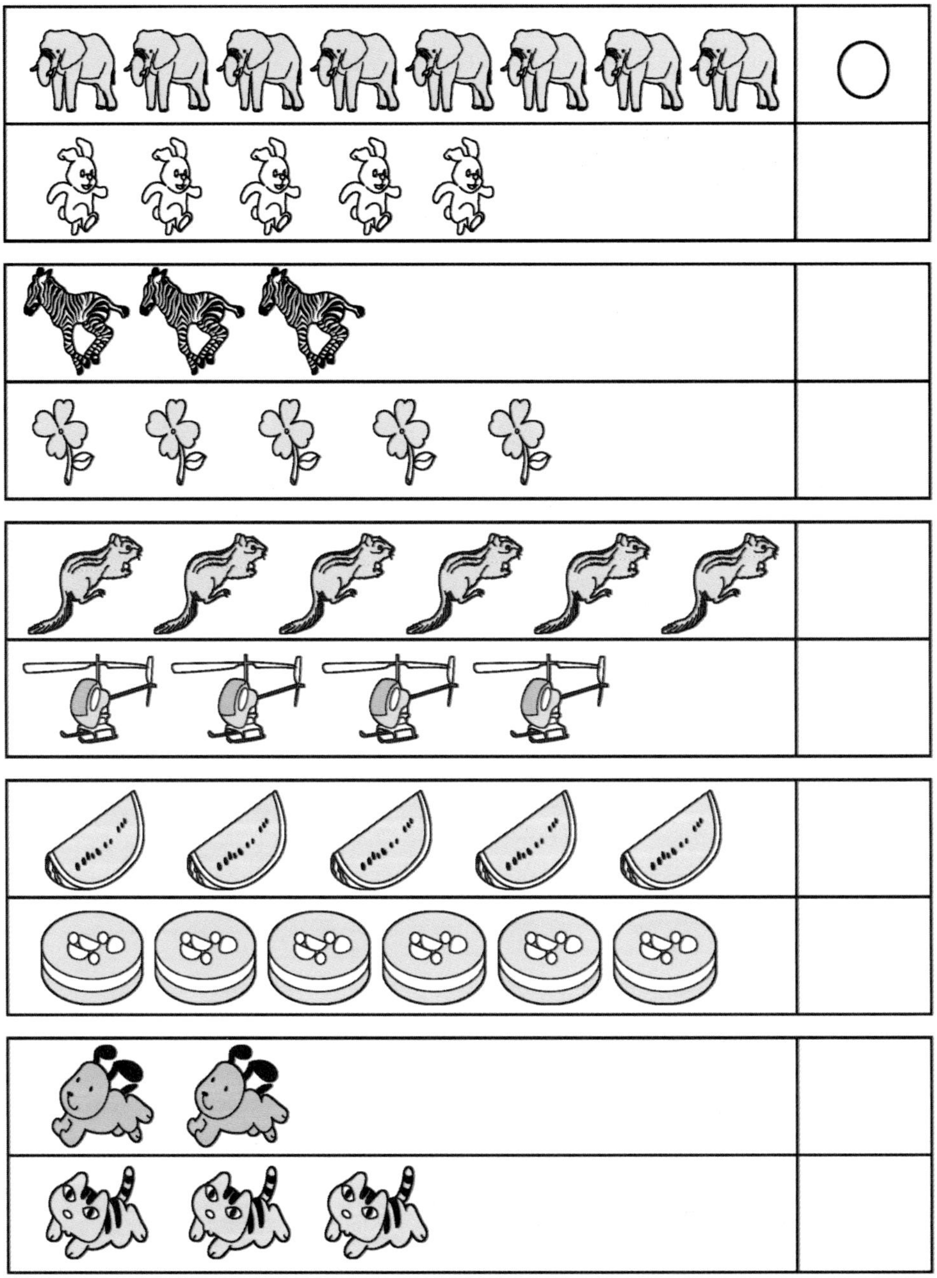

102 크기 순서대로 말하기

5~6세

목표 | 크기 순서대로 말할 수 있다.

자료 | 크기가 다른 세 개의 다양한 물건 및 그림, 강화제

방법 ①

- 교사가 크기가 다른 세 개의 다양한 물건(예: 크기가 다른 상자 세 개, 공 세 개)을 제시한 후 각 물건을 크기 순서대로 "크다, 조금 크다, 가장(제일) 크다."라고 말하는 시범을 보인다.
- 유아에게 교사를 모방하여 각 물건을 크기 순서대로 "크다, 조금 크다, 가장(제일) 크다."라고 말해 보라고 한다.
- 수행되면 유아 스스로 각 물건을 크기 순서대로 "크다, 조금 크다, 가장 크다."라고 말해 보라고 한다.
- 수행되면 교사가 크기가 다른 세 가지 물건의 위치를 다양하게 바꾸어 놓은 후 유아에게 크기 순서대로 "크다, 조금 크다, 가장 크다."라고 말해 보라고 한다.
- 수행되면 유아의 특성에 맞는 적절한 강화제를 제공한다.

방법 ②

- 말하지 못하면 교사가 크기가 다른 상자 세 개를 제시한 후 첫 번째 상자를 가리키며 "크다."라고 말하는 시범을 보인다.
- 유아에게 교사를 모방하여 첫 번째 상자를 가리키며 "크다."라고 말해 보라고 한다.
- 말하지 못하면 교사가 첫 번째 상자를 가리키며 "크다."라고 반복하여 말해 준 후 유아에게 "크다."라고 말해 보라고 한다.
- 수행되면 교사가 두 번째 상자를 가리키며 "조금 크다."라고 반복하여 말해 준 후 유아에게 "조금 크다."라고 말해 보라고 한다.

- 수행되면 교사가 "조금."이라고 말해 준 후 유아에게 "조금 크다."라고 말해 보라고 한다.
- 수행되면 교사가 "조."라고 첫소리를 말해 준 후 유아에게 "조금 크다."라고 말해 보라고 한다.
- 도움을 점차 줄여 간다.
- 수행되면 교사가 첫 번째 상자를 가리킬 때 유아 스스로 "크다."라고 말하고, 두 번째 상자를 가리킬 때 유아 스스로 "조금 크다."라고 말해 보라고 한다.
- 수행되면 교사가 가장 큰 상자를 가리키며 "가장(제일) 크다."라고 말하는 시범을 보인다.
- 유아에게 교사를 모방하여 가장 큰 상자를 가리키며 "가장(제일) 크다."라고 말해 보라고 한다.
- 말하지 못하면 '첫 번째와 두 번째 상자'를 지도한 것과 같은 방법으로 지도한다.
- 수행되면 교사가 크기가 다른 다양한 물건들을 각각 세 개씩 제시한 후 크기 순서대로 말해 보라고 할 때 유아 스스로 "크다, 조금 크다, 가장 크다."라고 말해 보라고 한다.
- 수행되면 교사가 크기가 다른 세 개의 물건 위치를 다양하게 바꾸어 놓은 후 크기 순서대로 말해 보라고 할 때 유아 스스로 각 물건을 가리키며 "크다, 조금 크다, 가장 크다."라고 말해 보라고 한다.
- 수행되면 유아의 특성에 맞는 적절한 강화제를 제공한다.

☞ 교사가 각 상자에 방울을 넣어 놓고 크기 순서를 설명한 후 유아에게 상자를 쌓으면서 크기 순서를 말하고 쓰러뜨려 보라고 하면 재미있게 지도할 수 있다. 특히 상자를 쓰러뜨릴 때 상자 속에서 방울 소리가 나면서 쓰러지므로 유아의 흥미를 유발할 수 있다.

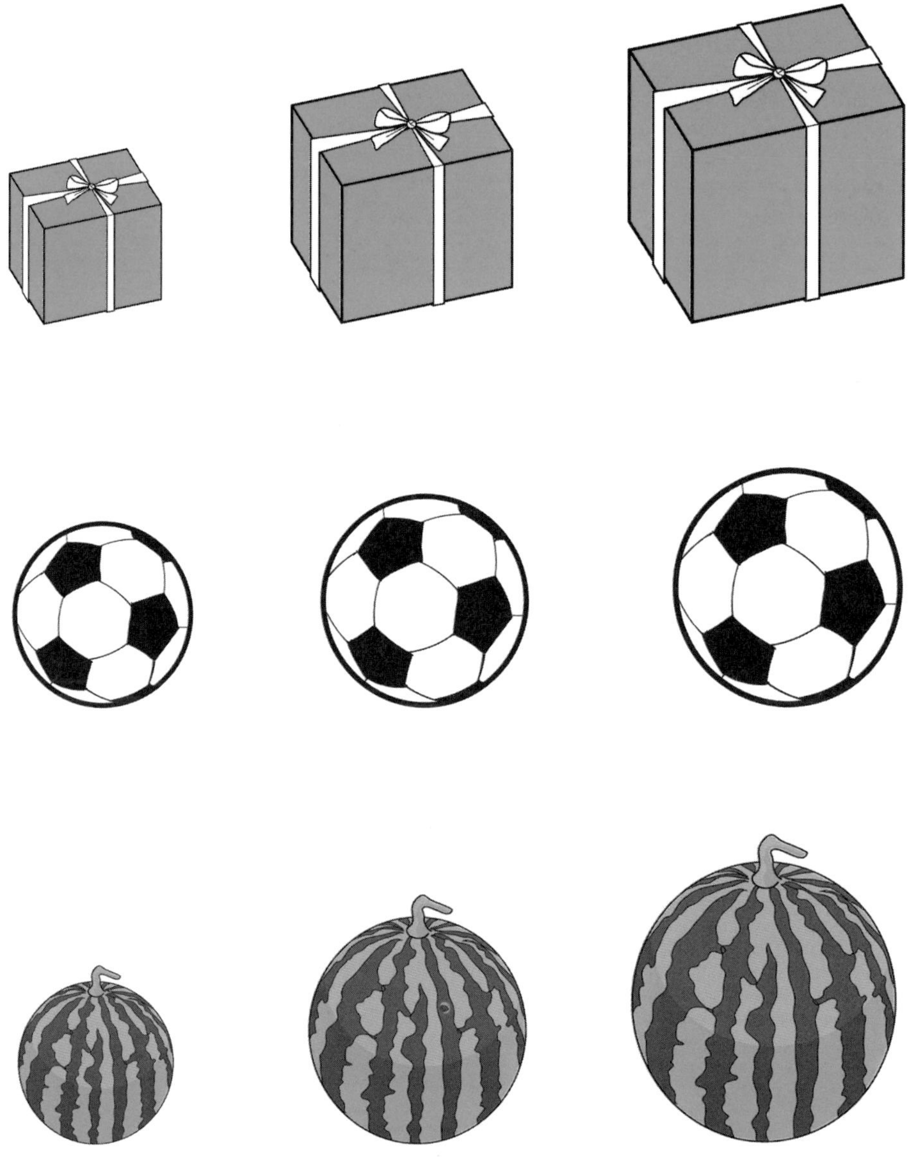

5~6
세

103 다른 종류 말하기

5~6세

목표 | 다른 종류를 말할 수 있다.

자료 | 음식, 탈것, 과일, 가구 등의 모형(실물) 또는 그림, 강화제

방법 ❶

- 교사가 음식, 탈것, 과일, 가구 등의 모형(실물)이나 또는 그림을 제시한 후 다른 종류(예: 음식과 탈것)를 설명해 준다.
- 교사가 음식, 탈것, 과일, 가구 등의 모형(실물)이나 또는 그림을 제시한 후 다른 종류를 말하는 시범을 보인다.
- 유아에게 교사를 모방하여 다른 종류를 말해 보라고 한다.
- 수행되면 유아 스스로 다른 종류를 말해 보라고 한다.
- 수행되면 유아의 특성에 맞는 적절한 강화제를 제공한다.

방법 ❷

- 교사가 음식, 탈것, 과일, 가구 등의 모형(실물)이나 또는 그림을 제시한 후 같은 종류(예: 밥, 라면)와 다른 종류(예: 밥과 기차)를 설명해 준다.
- 교사가 예를 들어 밥, 라면, 만두 등의 음식을 제시한 후 음식과 다른 종류를 말해 보라고 할 때 예를 들어 "가위."를 말하는 시범을 보인다.
- 교사가 음식을 보여 줄 때 유아에게 교사를 모방하여 다른 종류인 "가위."를 말해 보라고 한다.
- 말하지 못하면 교사가 음식 종류를 제시한 후 각 음식의 이름을 말해 주고 유아에게 음식과 다른 종류인 "가위."를 말해 보라고 한다.
- 말하지 못하면 교사가 '가위'는 음식이 아니라고 말해 준 후 "가위."를 반복하여 말해 주고 유아에게 "가위."라고 말해 보라고 한다.

- 수행되면 교사가 '가위'를 가리키며 유아에게 "가위."라고 말해 보라고 한다.
- 수행되면 교사가 '가위'로 오리는 동작을 보여 주며 유아에게 "가위."라고 말해 보라고 한다.
- 도움을 점차 줄여 간다.
- 수행되면 교사가 음식과 다른 종류를 물어볼 때 유아 스스로 "가위."라고 말해 보라고 한다.
- 수행되면 교사가 예를 들어 사과, 수박, 바나나 등의 과일 종류를 제시한 후 과일과 다른 종류를 말해 보라고 할 때, 예를 들어 "컵."을 말하는 시범을 보인다.
- 교사가 과일 종류를 보여 줄 때 유아에게 교사를 모방하여 과일 종류와 다른 "컵."을 말해 보라고 한다.
- 말하지 못하면 음식 종류와 다른 것을 지도한 것과 같은 방법으로 지도한다.
- 수행되면 각각의 다양한 물건들을 제시한 후 다른 종류를 말할 수 있는지 확인한다.
- 수행되면 유아의 특성에 맞는 적절한 강화제를 제공한다.

☞ 실물로 지도할 수 있는 종류(예: 과일 등)는 가능하면 실물로 지도하는 것이 효과적이다.

☞ 수행되면 확인을 위해 그림을 제시한 후 다른 종류의 그림에 동그라미를 그리게 하거나 스티커 붙이기, 또는 도장을 찍으면서 다른 종류를 말하도록 지도하는 방법도 있다.

☞ 음식, 탈것, 과일, 가구 등의 사진이나 그림을 오려서 코팅하거나 다음 사진을 복사하여 코팅한 후 교구로 제작하여 사용하면 편리하다. 음식, 탈것, 과일, 가구 등의 사진이나 그림 뒷면에는 까슬이를 붙이고, 하드보드지에는 보슬이를 붙이면 된다.

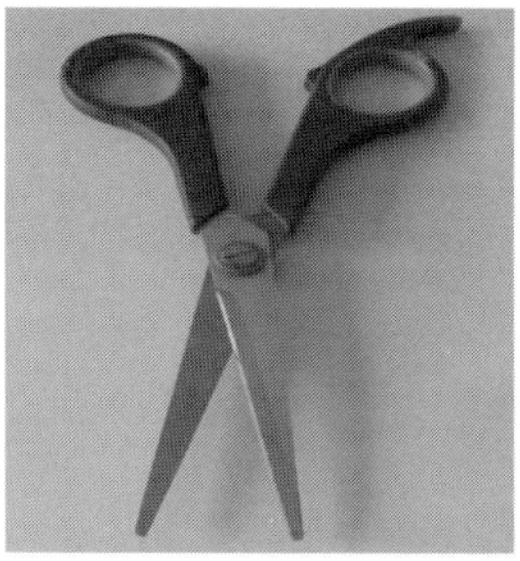

HELLO
KITTY

서울우유
나100%

KORAIL

1339

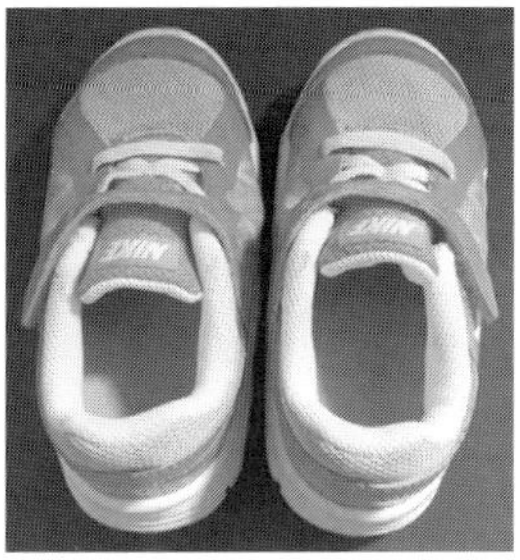

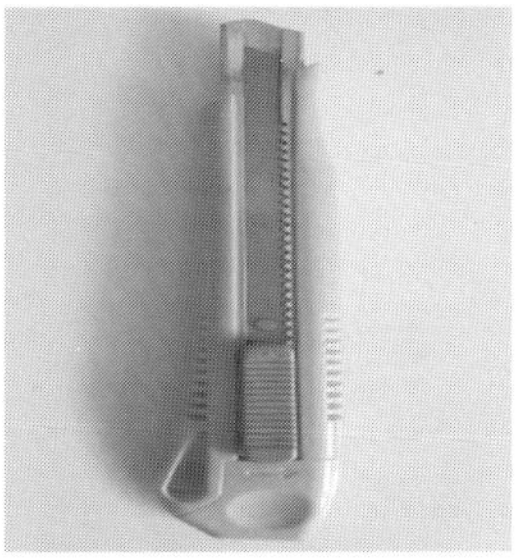
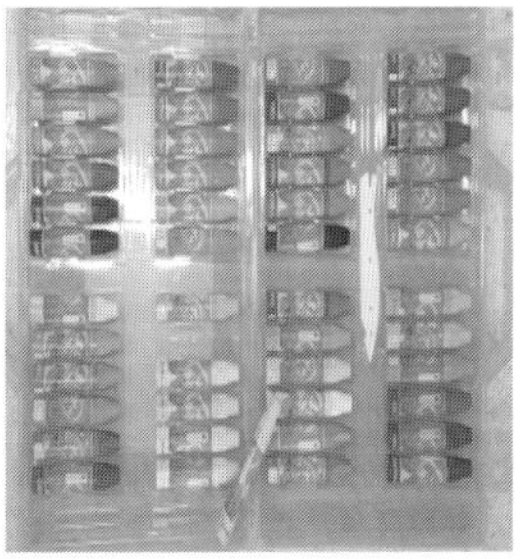

5~6
세

FROZEN

MARVEL
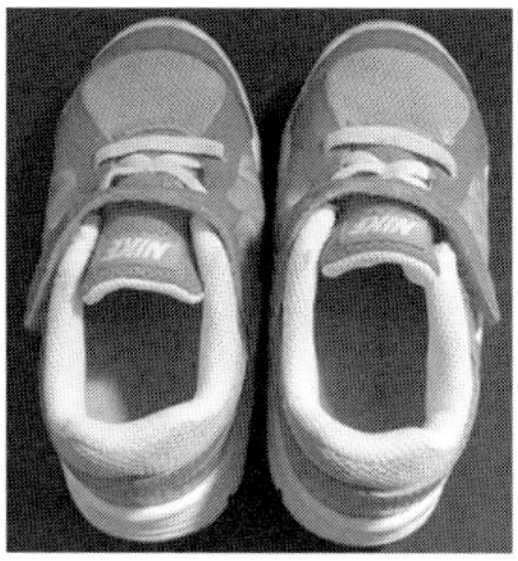

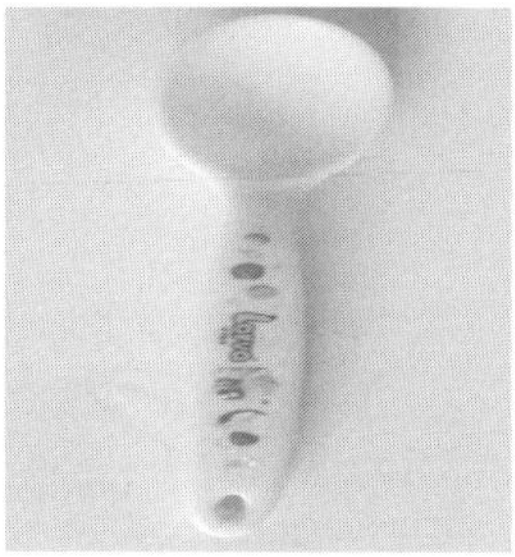

A & F

104 빈 문장 말하기

5~6세

목표 | 빈 문장을 말할 수 있다.

자료 | 빈 문장이 제시되어 있는 다양한 그림, 강화제

방법 ❶

- 교사가 빈 문장을 완성할 수 있는 다양한 그림(예: 동생은 —이를 닦아요, ○○는 비누로 손을 —)을 제시한 후 빈 문장을 말하는 시범을 보인다.
- 교사가 문장을 읽어 준 후 유아에게 교사를 모방하여 각 그림의 빈 문장을 말해 보라고 한다.
- 수행되면 문장을 완성할 수 있는 다양한 그림을 제시한 후 교사가 문장을 읽어 줄 때 유아 스스로 빈 문장을 말해 보라고 한다.
- 수행되면 유아의 특성에 맞는 적절한 강화제를 제공한다.

방법 ❷

- 교사가 문장을 완성할 수 있는 다양한 그림(예: 동생은 칫솔로—, ○○는 비누로—)을 제시한 후 빈 문장을 말하는 시범을 보인다.
- 교사가 문장을 읽어 준 후 유아에게 교사를 모방하여 각 그림의 빈 문장을 말해 보라고 한다.
- 빈 문장을 말하지 못하면 교사가 예를 들어 '○○는 비누로—' 을 제시하고 "○○는 비누로 무엇을 하나요?"라고 물어본 후 "손을 씻어요."라고 대답하는 시범을 보인다.
- 유아에게 교사를 모방하여 "손을 씻어요."라고 말해 보라고 한다.
- 말하지 못하면 교사가 "손을 씻어요."를 반복하여 말해 준 후 유아에게 "손을 씻어요."라고 말해 보라고 한다.

- 수행되면 교사가 "손을."이라고 말해 준 후 유아에게 "씻어요."라고 말해 보라고 한다.
- 수행되면 교사가 "손."이라고 첫소리를 말해 준 후 유아에게 "손을 씻어요."라고 말해 보라고 한다.
- 수행되면 교사가 '손을 씻어요'라고 말하는 입 모양을 보여 주며 유아에게 "손을 씻어요."라고 말해 보라고 한다.
- 수행되면 교사가 손을 씻는 동작을 보여 주며 유아에게 "손을 씻어요."라고 말해 보라고 한다.
- 도움을 점차 줄여 간다.
- 수행되면 교사가 '○○는 비누로—'을 제시한 후 "○○는 비누로 무엇을 하나요?" 라고 물어볼 때 유아 스스로 "손을 씻어요."라고 말해 보라고 한다.
- 수행되면 교사가 예를 들어 '선생님은 눈이 나빠서 —를 써요(필요해요)'를 제시하고 "선생님은 눈이 나빠서 무엇을 써야 하나요(이 필요하나요)?"라고 물어본 후 "안경." 이라고 대답하는 시범을 보인다.
- 유아에게 교사를 모방하여 "안경."이라고 말해 보라고 한다.
- 말하지 못하면 '비누'를 지도한 것과 같은 방법으로 지도한다.
- 수행되면 문장을 완성할 수 있는 다양한 그림을 제시한 후 교사가 문장을 읽어 줄 때 유아 스스로 빈 문장을 말해 보라고 한다.
- 수행되면 유아의 특성에 맞는 적절한 강화제를 제공한다.

☞ 각 문장은 예를 들어 "○○는 비누로 손을 씻어요." 뿐만 아니라 "발을 씻어요." "세수해요."로 다양하게 지도할 수 있다. 그러므로 문장을 확장해 나가도록 지도하면 효과적으로 어휘를 습득할 수 있다.

OO는 비누로 ___________________

선생님은 눈이 나빠서 _________를 써요 (필요해요).

동생은 칫솔로 __________________

엄마는 컵에 물을 따라 _____________

5~6 세

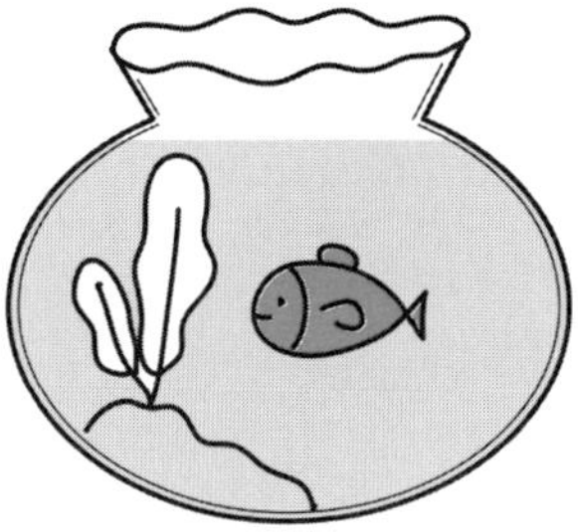

어항에 ______________가 있어요.

○○는 가위로 ____________________

누나는 크레파스로 ______________

○○는 연필로 ____________________

○○가 ____________차요 산타클로스에게 ____________

강아지가 반가워서 꼬리를______ 예쁜 꽃을 ________에 꽂아요.

5~6 세

105 "~하고 싶다." 말하기

5~6세

목표 | "~하고 싶다."고 말할 수 있다.

자료 | 우유, 과자, 장난감, 강화제

방법 ❶

- 교사가 우유, 과자, 장난감 등을 유아 앞에 제시한 후 예를 들어 "과자를 먹고 싶다."라고 말하는 시범을 보인다.
- 유아에게 교사를 모방하여 "과자를 먹고 싶다."라고 말해 보라고 한다.
- 수행되면 유아 스스로 "과자를 먹고 싶다."라고 말해 보라고 한다.
- 수행되면 유아가 좋아하는 음식이나 물건들을 교사가 제시할 때 유아 스스로 "~를 하고 싶다."라고 말해 보라고 한다.
- 수행되면 유아의 특성에 맞는 적절한 강화제를 제공한다.

방법 ❷

- 교사가 우유, 과자, 장난감 등을 유아 앞에 제시한 후 예를 들어 "우유를 마시고 싶다."라고 말하는 시범을 보인다.
- 유아에게 교사를 모방하여 "우유를 마시고 싶다."라고 말해 보라고 한다.
- 말하지 못하면 교사가 "우유를 마시고 싶다."라고 반복하여 말해 준 후 유아에게 "우유를 마시고 싶다."라고 말해 보라고 한다.
- 수행되면 교사가 "우유를 마시고."라고 말해 준 후 유아에게 "싶다."라고 말해 보라고 한다.
- 수행되면 교사가 "우유를."이라고 말해 준 후 유아에게 "마시고 싶다."라고 말해 보라고 한다.
- 수행되면 교사가 "우."라고 첫소리를 말해 준 후 유아에게 "우유를 마시고 싶다."

라고 말해 보라고 한다.

- 수행되면 교사가 '우유를 마시고 싶다'라고 말하는 입 모양을 보여 주며 유아에게 "우유를 마시고 싶다."라고 말해 보라고 한다.
- 수행되면 교사가 우유를 마시는 동작을 보여 주며 유아에게 "우유를 마시고 싶다."라고 말해 보라고 한다.
- 도움을 점차 줄여 간다.
- 수행되면 교사가 우유를 보여 줄 때 유아 스스로 "우유를 마시고 싶다."라고 말해 보라고 한다.
- 수행되면 교사가 예를 들어 장난감을 제시한 후 "장난감을 가지고 싶다."라고 말하는 시범을 보인다.
- 유아에게 교사를 모방하여 "장난감을 가지고 싶다."라고 말해 보라고 한다.
- 말하지 못하면 '우유'를 지도한 것과 같은 방법으로 지도한다.
- 수행되면 유아가 좋아하는 다른 음식이나 물건들도 같은 방법으로 지도한다.
- 수행되면 유아가 좋아하는 음식이나 물건들을 교사가 제시할 때 유아 스스로 "~를 하고 싶다."라고 말해 보라고 한다.
- 수행되면 유아의 특성에 맞는 적절한 강화제를 제공한다.

서울우유
아 100%
세균수
1A등급
체세포수
1등급

120

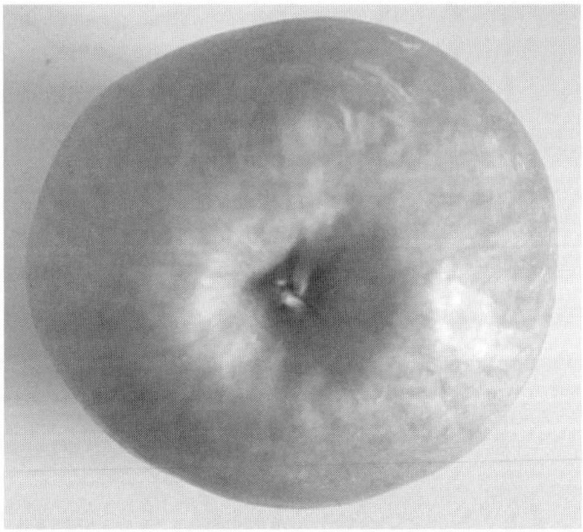

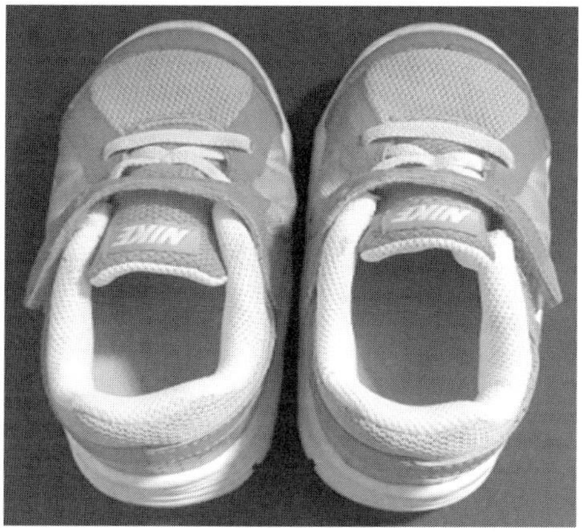

5~6
세

106 과거 시제로 말하기

5~6세

목표 | 과거 시제를 사용하여 말할 수 있다.

자료 | 인형, 그림자료, 강화제

방법 ❶

- 교사가 유아와 함께 우유를 마시거나 과자를 먹거나 재미있는 활동을 한 다음 교사가 유아에게 무엇을 했는지를 물어본 후, 예를 들어 "우유를 마셨어요."라고 말하는 시범을 보인다.
- 유아에게 교사를 모방하여 "우유를 마셨어요."라고 말해 보라고 한다.
- 수행되면 유아 스스로 "우유를 마셨어요."라고 말해 보라고 한다.
- 수행되면 유아가 좋아하는 다양한 음식을 먹거나 여러 가지 활동을 한 다음 교사가 유아에게 무엇을 했는지를 물어볼 때 유아 스스로 과거 시제를 사용하여 말해 보라고 한다.
- 수행되면 유아의 특성에 맞는 적절한 강화제를 제공한다.

방법 ❷

- 교사가 유아와 함께 우유를 마시거나 과자를 먹거나 재미있는 활동을 한 다음, 교사가 유아에게 무엇을 했는지를 물어본다.
- 유아가 대답하지 못하면 교사가 예를 들어 "과자를 먹었어요."라고 말하는 시범을 보인다.
- 교사가 유아에게 무엇을 했는지를 물어볼 때 유아에게 교사를 모방하여 "과자를 먹었어요."라고 말해 보라고 한다.
- 말하지 못하면 교사가 "과자를 먹었어요."라고 반복하여 말해 준 후 유아에게 "과자를 먹었어요."라고 말해 보라고 한다.

- 수행되면 교사가 "과자를."이라고 말해 준 후 유아에게 "먹었어요."라고 말해 보라고 한다.
- 수행되면 교사가 "과자."라고 말해 준 후 유아에게 "과자를 먹었어요."라고 말해 보라고 한다.
- 수행되면 교사가 "과."라고 첫소리를 말해 준 후 유아에게 "과자를 먹었어요."라고 말해 보라고 한다.
- 수행되면 교사가 '과자를 먹었어요'라고 말하는 입 모양을 보여 주며 유아에게 "과자를 먹었어요."라고 말해 보라고 한다.
- 도움을 점차 줄여 간다.
- 수행되면 유아가 과자를 먹은 다음 시간이 지난 후 교사가 유아에게 무엇을 했는지를 물어볼 때 유아 스스로 "과자를 먹었어요."라고 말해 보라고 한다.
- 수행되면 예를 들어 유아가 색종이를 자른 다음 시간이 지난 후 교사가 유아에게 무엇을 했는지를 물어본다.
- 유아가 대답하지 못하면 교사가 예를 들어 "색종이를 잘랐어요."라고 말하는 시범을 보인다.
- 교사가 유아에게 무엇을 했는지를 물어볼 때 유아에게 교사를 모방하여 "색종이를 잘랐어요."라고 말해 보라고 한다.
- 말하지 못하면 '과자'를 지도한 것과 같은 방법으로 지도한다.
- 수행되면 유아가 좋아하는 다양한 음식을 먹거나 여러 가지 활동을 한 다음 교사가 유아에게 무엇을 했는지를 물어볼 때 유아 스스로 과거 시제를 사용하여 말해 보라고 한다.
- 수행되면 유아의 특성에 맞는 적절한 강화제를 제공한다.

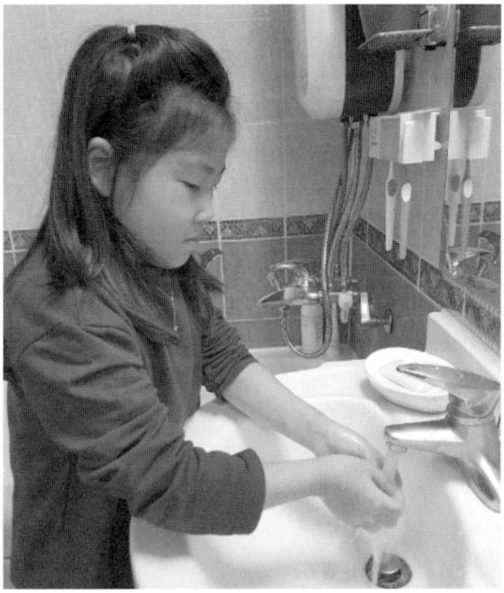

엄마한테 갈래!

107 높이 순서대로 말하기

5~6세

목표 | 높이 순서대로 말할 수 있다.

자료 | 높이가 다른 세 개의 다양한 물건, 높이와 관련된 그림, 강화제

방법 ❶

- 교사가 높이가 다른 세 개의 다양한 물건(예: 높이가 다른 우유 팩 세 개)이나 그림(예: 높이가 다른 나무 세 그루)을 유아 앞에 제시한 후 각 물건을 높이 순서대로 "높다, 조금 높다, 가장(제일) 높다."라고 말하는 시범을 보인다.
- 유아에게 교사를 모방하여 각 물건을 높이 순서대로 "높다, 조금 높다, 가장(제일) 높다."라고 말해 보라고 한다.
- 수행되면 유아 스스로 각 물건을 높이 순서대로 "높다, 조금 높다, 가장 높다."라고 말해 보라고 한다.
- 수행되면 유아의 특성에 맞는 적절한 강화제를 제공한다.

방법 ❷

- 교사가 예를 들어 높이가 다른 우유 팩 세 개를 제시한 후 첫 번째 우유 팩을 가리키며 "높다.", 두 번째 우유 팩을 가리키며 "조금 높다.", 가장 높은 우유 팩을 가리키며 "가장(제일) 높다."라고 말하는 시범을 보인다.
- 유아에게 교사를 모방하여 첫 번째 우유 팩을 가리키며 "높다.", 두 번째 우유 팩을 가리키며 "조금 높다.", 가장 높은 우유 팩을 가리키며 "가장(제일) 높다."라고 말해 보라고 한다.
- 말하지 못하면 교사가 첫 번째 우유 팩을 가리키며 "높다."라고 말하는 시범을 보인다.
- 유아에게 교사를 모방하여 첫 번째 우유 팩을 가리키며 "높다."라고 말해 보라고

한다.

- 말하지 못하면 교사가 첫 번째 우유 팩을 가리키며 "높다."라고 반복하여 말해 준 후 유아에게 "높다."라고 말해 보라고 한다.
- 수행되면 교사가 두 번째 우유 팩을 가리키며 "조금 높다."라고 반복하여 말해 준 후 유아에게 "조금 높다."라고 말해 보라고 한다.
- 수행되면 교사가 "조금."이라고 말해 준 후 유아에게 "조금 높다."라고 말해 보라고 한다.
- 수행되면 교사가 "조."라고 첫소리를 말해 준 후 유아에게 "조금 높다."라고 말해 보라고 한다.
- 도움을 점차 줄여 간다.
- 수행되면 교사가 첫 번째 우유 팩을 가리킬 때 유아 스스로 "높다."라고 말하고, 두 번째 우유 팩을 가리킬 때 유아 스스로 "조금 높다."라고 말해 보라고 한다.
- 수행되면 교사가 가장 높은 우유 팩을 가리키며 "가장(제일) 높다."라고 말하는 시범을 보인다.
- 유아에게 교사를 모방하여 가장 높은 우유 팩을 가리키며 "가장(제일) 높다."라고 말해 보라고 한다.
- 말하지 못하면 '조금 높은' 우유 팩을 지도한 것과 같은 방법으로 지도한다.
- 수행되면 교사가 높이가 다른 다양한 물건들을 각각 세 개씩 제시한 후 높이 순서대로 말해 보라고 할 때 유아 스스로 "높다, 조금 높다, 가장 높다."라고 말해 보라고 한다.
- 수행되면 유아의 특성에 맞는 적절한 강화제를 제공한다.

☞ 교사가 각 상자에 방울을 넣어 놓고 높이 순서를 설명한 후 유아에게 상자를 쌓으면서 높이 순서를 말하고 쓰러뜨려 보라고 하면 재미있게 지도할 수 있다. 특히 상자를 쓰러뜨릴 때 상자 속에서 방울 소리가 나면서 쓰러지므로 유아의 흥미를 유발할 수 있다.

우유
우유
우유
우유
우유
우유

108 "~하려고 한다." 표현하기

5~6세

목표 | "~하려고 한다."로 표현할 수 있다.

자료 | 간식, 색종이, 그림 그리기 자료, 가위 등, 강화제

방법 ❶

- 교사가 특정한 활동을 하기 전 미리 유아에게 무엇을 하려고 하는지 말해 준다.
- 교사가 예를 들어 간식을 먹으려고 하면 간식을 먹기 2~3분 정도 전에 "간식을 먹으려고 해요."라고 말해 준다.
- 교사가 유아에게 무엇을 하려고 하는지 물어볼 때 유아에게 교사를 모방하여 "간식을 먹으려고 해요."라고 말해 보라고 한다.
- 수행되면 교사가 유아에게 무엇을 하려고 하는지 물어볼 때 유아 스스로 "간식을 먹으려고 해요."라고 말해 보라고 한다.
- 수행되면 교사가 특정한 활동을 하기 전 무엇을 하려고 하는지 미리 말해 준다.
- 교사가 유아에게 무엇을 하려고 하는지 물어볼 때 유아 스스로 무엇을 하려고 하는지 말해 보라고 한다.
- 수행되면 유아의 특성에 맞는 적절한 강화제를 제공한다.

방법 ❷

- 교사가 특정한 활동을 하기 전 미리 유아에게 무엇을 하려고 하는지 말해 준다.
- 교사가 예를 들어 가게 놀이를 하려고 하면 가게 놀이를 하기 2~3분 정도 전에 "가게 놀이를 하려고 해요."라고 말하는 시범을 보여 준다.
- 교사가 유아에게 무엇을 하려고 하는지 물어볼 때 유아에게 교사를 모방하여 가게 놀이를 하려고 해요."라고 말해 보라고 한다.
- 말하지 못하면 교사가 "가게 놀이를 하려고 해요."라고 반복하여 말해 준 후 유아

에게 "가게 놀이를 하려고 해요."라고 말해 보라고 한다.

- 수행되면 교사가 "가게 놀이를."이라고 말해 준 후 유아에게 "하려고 해요."라고 말해 보라고 한다.
- 수행되면 교사가 "가게."라고 말해 준 후 유아에게 "놀이를 하려고 해요."라고 말해 보라고 한다.
- 수행되면 교사가 "가."라고 첫소리를 말해 준 후 유아에게 "가게 놀이를 하려고 해요."라고 말해 보라고 한다.
- 수행되면 교사가 '가게 놀이'라고 말하는 입 모양을 보여 주며 유아에게 "가게 놀이를 하려고 해요."라고 말해 보라고 한다.
- 도움을 점차 줄여 간다.
- 수행되면 교사가 유아에게 무엇을 하려고 하는지 물어볼 때 유아 스스로 "가게 놀이를 하려고 해요."라고 말해 보라고 한다.
- 수행되면 교사가 예를 들어 색종이 접기를 하려고 하면 색종이를 접기 2~3분 정도 전에 "색종이를 접으려고 해요."라고 말하는 시범을 보여 준다.
- 교사가 유아에게 무엇을 하려고 하는지 물어볼 때 유아에게 교사를 모방하여 "색종이를 접으려고 해요."라고 말해 보라고 한다.
- 말하지 못하면 '가게 놀이'를 지도한 것과 같은 방법으로 지도한다.
- 수행되면 교사가 특정한 활동을 하기 전 무엇을 하려고 하는지 미리 말해 준다.
- 교사가 유아에게 무엇을 하려고 하는지 물어볼 때 유아 스스로 무엇을 하려고 하는지 말해 보라고 한다.
- 수행되면 유아의 특성에 맞는 적절한 강화제를 제공한다.

109 "깨끗하다."와 "더럽다." 표현하기

5~6세

목표 | "깨끗하다."와 "더럽다."를 표현할 수 있다.

자료 | 깨끗한 옷과 더러운 옷, 깨끗한 신발과 더러운 신발 등, 강화제

방법 ❶

- 교사가 예를 들어 '깨끗한' 옷과 '더러운' 옷을 유아 앞에 제시한다.
- 교사가 '깨끗한' 옷을 가리키며 놓고 "깨끗하다."라고 말하고, '더러운' 옷을 가리키며 "더럽다."라고 말하는 시범을 보인다.
- 유아에게 교사를 모방하여 '깨끗한' 옷을 가리키며 놓고 "깨끗하다."라고 말하고, '더러운' 옷을 가리키며 "더럽다."라고 말해 보라고 한다.
- 수행되면 유아 스스로 '깨끗한' 옷을 가리키며 놓고 "깨끗하다."라고 말하고, '더러운' 옷을 가리키며 "더럽다."라고 말해 보라고 한다.
- 수행되면 교사가 '깨끗한' 물건 및 '더러운' 물건을 보여 주거나 그림을 보여 줄 때 유아 스스로 "깨끗하다."와 "더럽다."를 말해 보라고 한다.
- 수행되면 유아의 특성에 맞는 적절한 강화제를 제공한다.

방법 ❷

- 교사가 예를 들어 '깨끗한' 신발과 '더러운' 신발을 유아 앞에 제시한 후 '깨끗한' 신발을 가리키며 "깨끗하다."라고 말하고, '더러운' 신발을 가리키며 "더럽다."라고 말하는 시범을 보인다.
- 유아에게 교사를 모방하여 '깨끗한' 신발을 가리키며 놓고 "깨끗하다."라고 말하고, '더러운' 신발을 가리키며 "더럽다."라고 말해 보라고 한다.
- 말하지 못하면 교사가 깨끗한 신발을 가리키며 "깨끗하다라고 ♬ 말~해 봐요 ♬ 말~해 봐요 ♬"라고 노래를 부르며 "깨끗하다."라고 말하는 시범을 보인다.

• 유아에게 교사를 모방하여 "깨끗하다."라고 말해 보라고 한다.
• 말하지 못하면 교사가 "깨끗하다."를 반복하여 말해 준 후 유아에게 "깨끗하다." 라고 말해 보라고 한다.
• 수행되면 교사가 "깨끗."이라고 말해 준 후 유아에게 "깨끗하다."라고 말해 보라고 한다.
• 수행되면 교사가 "깨."라고 첫소리를 말해 준 후 유아에게 "깨끗하다."라고 말해 보라고 한다.
• 수행되면 교사가 "깨끗하다."라고 말하는 입 모양을 보여 주며 유아에게 "깨끗하다."라고 말해 보라고 한다.
• 도움을 점차 줄여 간다.
• 수행되면 교사가 깨끗한 신발을 가리킬 때 유아 스스로 "깨끗하다."라고 말해 보라고 한다.
• 수행되면 교사가 더러운 신발을 가리키며 "더럽다라고 ♬ 말~해 봐요 ♬ 말~해 봐요 ♬"라고 노래를 부르며 "더럽다."라고 말하는 시범을 보인다.
• 유아에게 교사를 모방하여 "더럽다."라고 말해 보라고 한다.
• 말하지 못하면 교사가 "더럽다."를 반복하여 말해 준 후 유아에게 "더럽다."라고 말해 보라고 한다.
• 수행되면 교사가 "더럽."이라고 말해 준 후 유아에게 "더럽다."라고 말해 보라고 한다.
• 수행되면 교사가 "더."라고 첫소리를 말해 준 후 유아에게 "더럽다."라고 말해 보라고 한다.
• 수행되면 교사가 "더럽다."라고 말하는 입 모양을 보여 주며 유아에게 "더럽다." 라고 말해 보라고 한다.
• 도움을 점차 줄여 간다.
• 수행되면 교사가 더러운 신발을 가리킬 때 유아 스스로 "더럽다."라고 말해 보라고 한다.

• 수행되면 교사가 깨끗한 신발을 가리킬 때 유아 스스로 "깨끗하다."라고 말하고, 더러운 신발을 가리킬 때 "더럽다."라고 말해 보라고 한다.
• 수행되면 깨끗하고 더러운 다양한 물건이나 그림을 제시한 후 같은 방법으로 지도한다.
• 수행되면 교사가 "깨끗하다." 및 "더럽다."와 관련된 다양한 물건이나 그림을 보여 줄 때 유아 스스로 각 물건이나 그림에 적절하게 "깨끗하다."와 "더럽다."를 말해 보라고 한다.
• 수행되면 유아의 특성에 맞는 적절한 강화제를 제공한다.

☞ 수행되면 확인을 위해 그림을 제시한 후, 예를 들어 깨끗한 그림에 동그라미를 그리게 하거나 스티커 붙이기, 또는 도장을 찍으면서 "깨끗하다."와 "더럽다."를 말하도록 지도하는 방법도 있다. 특히 시판되고 있는 도장은 동물 모양이나 과일, 수 등 다양한 그림들이 새겨져 있어 유아들이 흥미 있게 과제를 수행하는 데 도움이 될 수 있다.

110 길이 순서대로 말하기 5~6세

목표 | 길이 순서대로 말할 수 있다.

자료 | 길이가 다른 세 개의 다양한 물건, 길이와 관련된 그림, 강화제

방법 ❶

- 교사가 길이가 다른 다양한 물건(예: 길이가 다른 연필 세 개, 노끈 세 개 등)을 유아 앞에 제시한 후 각 물건을 길이 순서대로 "길다, 조금 길다, 가장(제일) 길다."라고 말하는 시범을 보인다.
- 유아에게 교사를 모방하여 각 물건을 길이 순서대로 "길다, 조금 길다, 가장(제일) 길다."라고 말해 보라고 한다.
- 수행되면 유아 스스로 각 물건을 길이 순서대로 "길다, 조금 길다, 가장 길다."라고 말해 보라고 한다.
- 수행되면 교사가 길이가 다른 물건의 위치를 다양하게 바꾸어 놓은 후 유아에게 길이 순서대로 "길다, 조금 길다, 가장(제일) 길다."라고 말해 보라고 한다.
- 수행되면 유아의 특성에 맞는 적절한 강화제를 제공한다.

방법 ❷

- 교사가 예를 들어 길이가 다른 연필 세 개를 길이 순서대로 제시한 후 첫 번째 연필을 가리키며 "길다."라고 말하는 시범을 보인다.
- 유아에게 교사를 모방하여 첫 번째 연필을 가리키며 "길다."라고 말해 보라고 한다.
- 말하지 못하면 교사가 첫 번째 연필을 가리키며 "길다."라고 반복하여 말해 준 후 유아에게 "길다."라고 말해 보라고 한다.
- 수행되면 교사가 두 번째 연필을 가리키며 "조금 길다."라고 반복하여 말해 준 후 유아에게 "조금 길다."라고 말해 보라고 한다.

• 수행되면 교사가 "조금."이라고 말해 준 후 유아에게 "조금 길다."라고 말해 보라고 한다.

• 수행되면 교사가 "조."라고 첫소리를 말해 준 후 유아에게 "조금 길다."라고 말해 보라고 한다.

• 도움을 점차 줄여 간다.

• 수행되면 교사가 첫 번째 연필을 가리킬 때 유아 스스로 "길다."라고 말하고, 두 번째 연필을 가리킬 때 유아 스스로 "조금 길다."라고 말해 보라고 한다.

• 수행되면 교사가 가장 긴 연필을 가리키며 "가장(제일) 길다."라고 말하는 시범을 보인다.

• 유아에게 교사를 모방하여 가장 긴 연필을 가리키며 "가장(제일) 길다."라고 말해 보라고 한다.

• 말하지 못하면 '두 번째' 연필을 지도한 것과 같은 방법으로 지도한다.

• 수행되면 교사가 첫 번째 연필을 가리킬 때 유아 스스로 "길다."라고 말하고, 두 번째 연필을 가리킬 때 "조금 길다."라고 말하고, 가장 긴 연필을 가리키며 "가장(제일) 길다."라고 말해 보라고 한다.

• 수행되면 길이가 다른 다양한 물건들도 같은 방법으로 지도한다.

• 수행되면 교사가 길이가 다른 물건의 위치를 다양하게 바꾸어 놓은 후 유아에게 길이 순서대로 "길다, 조금 길다, 가장(제일) 길다."라고 말해 보라고 한다.

• 수행되면 유아의 특성에 맞는 적절한 강화제를 제공한다.

☞ 교사가 처음 지도 시에는 예를 들어 긴 연필은 빨간색, 조금 긴 연필은 노란색, 제일 긴 연필은 파란색을 제시하여 지도하면 유아가 좀 더 쉽게 습득할 수 있다. 단, 색이 단서가 되어 수행할 수 있으므로 수행이 되면 반드시 물건의 색을 같은 색으로 제시하여 확인하도록 한다.

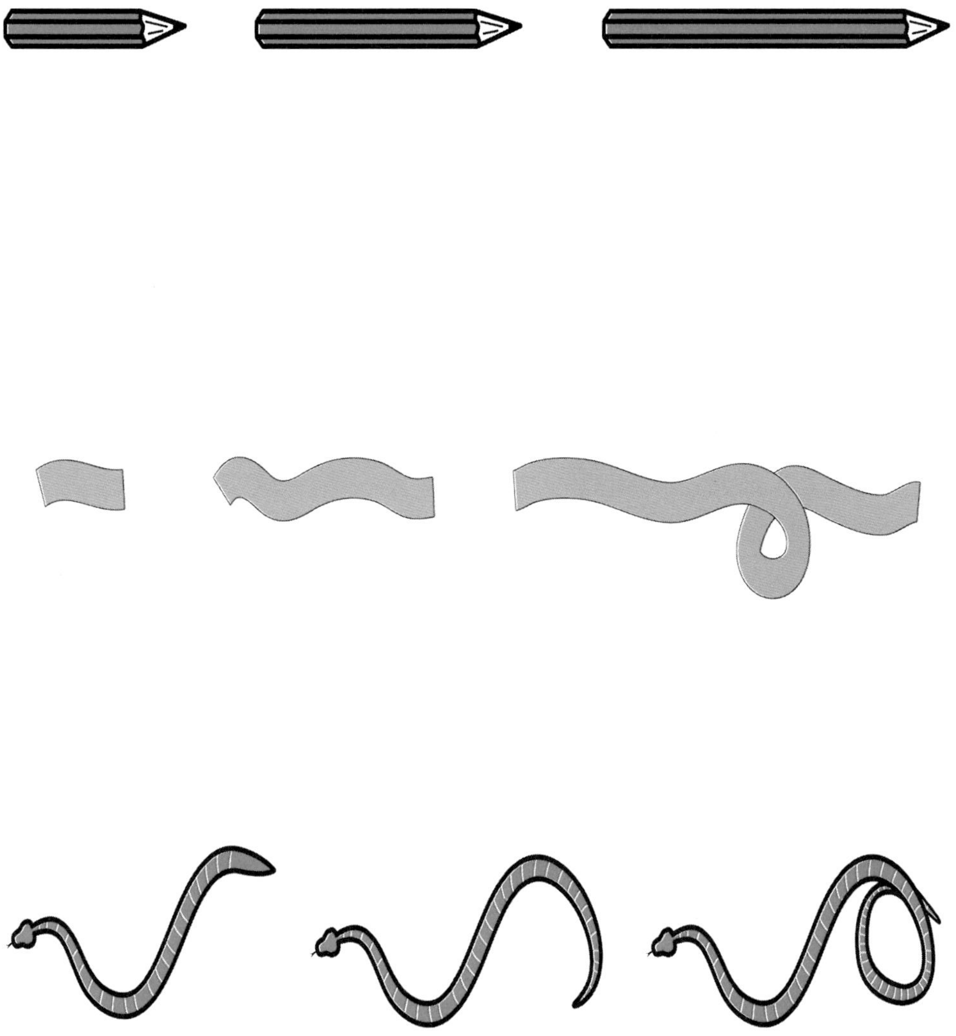

5~6
세

111 그림 보고 문장 만들어 말하기

5~6세

목표 | 그림을 보고 문장을 만들어 말할 수 있다.

자료 | 그림카드, 강화제

방법 ❶

- 교사가 그림(예: 원숭이가 나무 위에서 바나나를 먹는 장면)을 보고 문장을 만들어 말하는 시범을 보인다.
- 유아에게 교사를 모방하여 그림을 보고 문장을 만들어 말해 보라고 한다.
- 수행되면 유아 스스로 그림을 보고 문장을 만들어 말해 보라고 한다.
- 수행되면 다양한 그림을 제시한 후 그림을 보고 문장을 만들어 말해 보라고 한다.
- 수행되면 유아의 특성에 맞는 적절한 강화제를 제공한다.

방법 ❷

- 교사가 예를 들어 원숭이가 나무 위에서 바나나를 먹는 그림을 보고 "원숭이가 나무 위에서 바나나를 먹어요(먹고 있어요)."라고 말하는 시범을 보인다.
- 유아에게 교사를 모방하여 "원숭이가 나무 위에서 바나나를 먹어요(먹고 있어요)."라고 말해 보라고 한다.
- 말하지 못하면 교사가 "누가 나무 위에서 바나나를 먹어요?"라고 물어본다.
- 말하지 못하면 교사가 "원숭이."라고 말해 준 후 유아에게 교사를 모방하여 "원숭이."라고 말해 보라고 한다.
- 말하지 못하면 교사가 "원숭이."라고 반복하여 말해 준 후 유아에게 교사를 모방하여 "원숭이."라고 말해 보라고 한다.
- 수행되면 유아 스스로 "원숭이."라고 말해 보라고 한다.
- 수행되면 교사가 "원숭이가 어디서 바나나를 먹어요?"라고 물어본다.

- 말하지 못하면 교사가 "나무 위에서."라고 말해 준 후 유아에게 교사를 모방하여 "나무 위에서."라고 말해 보라고 한다.
- 말하지 못하면 교사가 "나무 위에서."라고 반복하여 말해 준 후 유아에게 "나무 위에서."라고 말해 보라고 한다.
- 수행되면 유아 스스로 "나무 위에서."라고 말해 보라고 한다.
- 수행되면 교사가 "원숭이가 나무 위에서 무엇을 먹어요(먹고 있어요)?" 라고 물어본다.
- 말하지 못하면 교사가 "바나나를 먹어요."라고 말해 준 후 유아에게 교사를 모방하여 "바나나를 먹어요."라고 말해 보라고 한다.
- 말하지 못하면 교사가 "바나나를 먹어요."라고 반복하여 말해 준 후 유아에게 교사를 모방하여 "바나나를 먹어요."라고 말해 보라고 한다.
- 수행되면 유아 스스로 "바나나를 먹어요."라고 말해 보라고 한다.
- 도움을 점차 줄여 간다.
- 수행되면 교사가 원숭이가 나무 위에서 바나나를 먹는 그림을 보여 줄 때 유아 스스로 "원숭이가 나무 위에서 바나나를 먹어요(먹고 있어요)."라고 말해 보라고 한다.
- 수행되면 다른 그림들도 같은 방법으로 지도한 후 교사가 다양한 그림을 제시할 때 유아 스스로 그림을 보고 문장을 만들어 말해 보라고 한다.
- 수행되면 유아의 특성에 맞는 적절한 강화제를 제공한다.

방법 ❸

- 교사가 "원숭이가 나무 위에서 무엇을 먹어요(먹고 있어요)?"라고 물어본 후 말하지 못하면 "바나나를 먹어요."라고 말하는 시범을 보인다.
- 유아에게 교사를 모방하여 "바나나를 먹어요."라고 말해 보라고 한다.
- 말하지 못하면 교사가 "바나나를 먹어요."라고 반복하여 말해 준 후 유아에게 교사를 모방하여 "바나나를 먹어요."라고 말해 보라고 한다.
- 수행되면 유아 스스로 "바나나를 먹어요."라고 말해 보라고 한다.
- 수행되면 교사가 "원숭이가 어디서 바나나를 먹어요?"라고 물어본다.

• 말하지 못하면 교사가 "나무 위에서."라고 말해 준 후 유아에게 교사를 모방하여 "나무 위에서."라고 말해 보라고 한다.
• 말하지 못하면 교사가 "나무 위에서."라고 반복하여 말해 준 후 유아에게 교사를 모방하여 "나무 위에서."라고 말해 보라고 한다.
• 수행되면 유아 스스로 "나무 위에서."라고 말해 보라고 한다.
• 수행되면 교사가 "누가 나무 위에서 바나나를 먹어요?"라고 물어본다.
• 말하지 못하면 교사가 "원숭이."라고 말해 준 후 유아에게 교사를 모방하여 "원숭이."라고 말해 보라고 한다.
• 말하지 못하면 교사가 "원숭이."라고 반복하여 말해 준 후 유아에게 교사를 모방하여 "원숭이."라고 말해 보라고 한다.
• 수행되면 유아 스스로 "원숭이."라고 말해 보라고 한다.
• 수행되면 다른 그림들도 같은 방법으로 지도한 후 교사가 다양한 그림을 제시할 때 유아 스스로 그림을 보고 문장을 만들어 말해 보라고 한다.
• 수행되면 유아의 특성에 맞는 적절한 강화제를 제공한다.

☞ 방법 ❷는 앞에서부터 순서대로 지도하는 점진법이고 방법 ❸은 뒤에서부터 순서대로 지도하는 후진법이다. 일반적으로 후진법은 점진법보다 성취감을 쉽게 느낄 수 있다는 장점이 있어 특수교육현장에서는 후진법을 많이 적용하고 있다. 그러나 유아의 특성에 따라 상이할 수 있으므로 적절하게 적용하도록 한다.

• 누가: 원숭이가

• 어디서: 나무 위에서

• 무엇을 한다: 바나나를 먹는다

• 누가:

• 어디서:

• 무엇을 한다:

• 누가:

• 어디서:

• 무엇을 한다:

5~6
세

• 무엇이:

• 어떻게:

• 어찌한다:

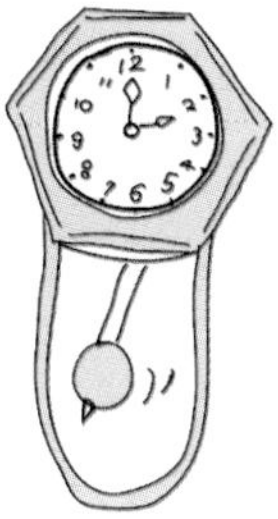

• 무엇이:

• 어떻게:

• 어찌한다:

• 무엇이:

• 어떻게:

• 어찌한다:

• 누가:

• 누구에게:

• 무엇을:

• 어찌한다:

• 누가:

• 누구에게:

• 무엇을:

• 어찌한다:

• 누가:

• 누구에게:

• 무엇을:

• 어찌한다:

5~6 세

112 '왜'라는 질문에 대답하기

5~6세

목표 | '왜'를 묻는 질문에 대답할 수 있다.

자료 | '왜'와 관련된 그림자료, 강화제

방법 ❶

- 교사가 아이가 달려가는 그림, 엄마가 뛰어가는 그림, 아빠가 달려가는 그림 등을 제시한 후 '왜' 그런지 말하는 시범을 보인다.
- 유아에게 교사를 모방하여 각 그림을 보면서 '왜' 그런지 말해 보라고 한다.
- 수행되면 교사가 각 그림을 가리키며 '왜' 그런지 물어볼 때 유아 스스로 그 이유를 말해 보라고 한다.
- 수행되면 교사가 '왜'와 관련된 다양한 그림들을 제시한 후 유아 스스로 그 이유를 말해 보라고 한다.
- 수행되면 유아의 특성에 맞는 적절한 강화제를 제공한다.

방법 ❷

- 교사가 예를 들어 아이가 달려가는 그림을 제시하고 '왜' 달려가는지를 물어본 후 "풍선을 놓쳐서요."라고 말하는 시범을 보인다.
- 교사가 아이가 '왜' 달려가는지를 물어볼 때 유아에게 교사를 모방하여 "풍선을 놓쳐서요."라고 말해 보라고 한다.
- 말하지 못하면 교사가 "풍선을 놓쳐서요."라고 반복하여 말해 준 후 유아에게 교사를 모방하여 "풍선을 놓쳐서요."라고 말해 보라고 한다.
- 수행되면 교사가 "풍선을."이라고 말해 준 후 유아에게 "놓쳐서요."라고 말해 보라고 한다.
- 수행되면 교사가 "풍선."이라고 말해 준 후 유아에게 "풍선을 놓쳐서요."라고 말

해 보라고 한다.

- 수행되면 교사가 "풍."이라고 첫소리를 말해 준 후 유아에게 "풍선을 놓쳐서요." 라고 말해 보라고 한다.
- 수행되면 교사가 '풍선을'이라고 말하는 입 모양을 보여 주며 유아에게 "풍선을 놓쳐서요."라고 말해 보라고 한다.
- 도움을 점차 줄여 간다.
- 수행되면 교사가 아이가 '왜' 달려가는지를 물어볼 때 유아 스스로 "풍선을 놓쳐서요."라고 말해 보라고 한다.
- 수행되면 교사가 예를 들어 엄마가 뛰어가는 그림을 제시하고 '왜' 뛰어가는지를 물어본 후 "냄비에 음식이 넘쳐서요."라고 말하는 시범을 보인다.
- 교사가 엄마가 '왜' 뛰어가는지를 물어볼 때 유아에게 교사를 모방하여 "냄비에 음식이 넘쳐서요."라고 말해 보라고 한다.
- 말하지 못하면 풍선을 놓친 상황을 지도한 것과 같은 방법으로 지도한다.
- 수행되면 교사가 아이가 달려가는 그림과 엄마가 뛰어가는 그림을 제시한 후 '왜' 그런지를 물어볼 때 유아 스스로 각 이유를 말해 보라고 한다.
- 수행되면 교사가 '왜'와 관련된 다양한 그림들을 제시한 후 유아 스스로 그 이유를 말해 보라고 한다.
- 수행되면 유아의 특성에 맞는 적절한 강화제를 제공한다.

버스

5~6
세

113 그림에 적합한 장면 말하기

5~6세

목표 | 그림에 적합한 장면을 말할 수 있다.

자료 | 상황이 일어난 순서 그림, 강화제

방법 ❶

- 교사가 토끼들이 화분에 꽃을 심는 그림과 물이 말라서 꽃이 시들어 가는 그림, 화분에 물을 주는 그림, 화분에 선풍기 바람을 쐬어 주는 그림을 유아에게 제시한다.
- 교사가 물이 말라서 꽃이 시들어 가는 그림 뒤에 와야 할 장면은 "화분에 물을 주는 거예요."라고 말하는 시범을 보인다.
- 교사가 물이 말라서 꽃이 시들어 가는 그림 뒤에 와야 할 장면을 물어볼 때 유아에게 교사를 모방하여 "화분에 물을 주는 거예요."라고 말해 보라고 한다.
- 수행되면 교사가 물이 말라서 꽃이 시들어 가는 그림 뒤에 와야 할 장면을 물어볼 때 유아 스스로 "화분에 물을 주는 거예요."라고 말해 보라고 한다.
- 수행되면 상황이 일어난 다른 그림들도 같은 방법으로 지도한 후 유아에게 교사가 제시한 장면 뒤에 와야 할 장면을 말해 보라고 한다.
- 수행되면 유아의 특성에 맞는 적절한 강화제를 제공한다.

방법 ❷

- 교사가 토끼들이 화분에 꽃을 심는 그림과 물이 말라서 꽃이 시들어 가는 그림, 화분에 물을 주는 그림, 화분에 선풍기 바람을 쐬어 주는 그림을 유아에게 제시한다.
- 교사가 토끼들이 화분에 꽃을 심는 그림과 물이 말라서 꽃이 시들어 가는 그림을 순서대로 제시한 후 다음에 와야 할 장면은 "화분에 물을 주는 거예요."라고 말하는 시범을 보인다.
- 교사가 화분에 물을 주는 그림과 선풍기 바람을 쐬어 주는 그림을 제시한 후 유아

에게 교사를 모방하여 물이 말라서 꽃이 시들어 가는 그림 뒤에 와야 할 장면은 "화분에 물을 주는 거예요(화분에 물 주는 것)."라고 말해 보라고 한다.

- 수행되면 교사가 "화분에 물을."이라고 말해 준 후 유아에게 "주는 거예요."라고 말해 보라고 한다.
- 수행되면 교사가 "화분에."라고 말해 준 후 유아에게 "물을 주는 거예요."라고 말해 보라고 한다.
- 수행되면 교사가 "화분."이라고 말해 준 후 유아에게 "화분에 물을 주는 거예요." 라고 말해 보라고 한다.
- 수행되면 교사가 "화."라고 첫소리를 말해 준 후 유아에게 "화분에 물을 주는 거예요."라고 말해 보라고 한다.
- 수행되면 교사가 화분에 물을 주는 동작을 보여 주며 유아에게 "화분에 물을 주는 거예요."라고 말해 보라고 한다.
- 도움을 점차 줄여 간다.
- 수행되면 교사가 꽃이 시들어 가는 그림 뒤에 와야 할 장면을 물어볼 때 유아 스스로 "화분에 물을 주는 거예요."라고 말해 보라고 한다.
- 수행되면 상황이 일어난 다른 그림들도 같은 방법으로 지도한 후 유아에게 교사가 제시한 장면 뒤에 와야 할 장면을 말해 보라고 한다.
- 수행되면 유아의 특성에 맞는 적절한 강화제를 제공한다.

☞ 수행되면 그림을 오려서 첫째 장면을 말하게 하거나 중간 장면을 말할 수 있도록 응용하여 지도해도 무방하다.

☞ 다음 그림을 복사하여 코팅한 후 교구로 제작하여 사용하면 편리하다. 각 장면의 그림 뒷면에는 까슬이를 붙이고, 하드보드지에는 보슬이를 붙이면 된다. 쉽게 붙였다 뗐다 할 수 있으므로 위치를 다양하게 바꾸어 지도할 수 있어 활용도가 높다. 하드보드지와 코팅지는 문구점에서 구입할 수 있다.

114 작은 순서대로 말하기

5~6세

목표 | 작은 순서대로 말할 수 있다.

자료 | 크기가 다른 세 개의 다양한 물건 및 그림, 강화제

방법 ❶

- 교사가 크기가 다른 세 개의 다양한 물건(예: 크기가 다른 상자 세 개, 신발 세 켤레 등)을 유아 앞에 제시한 후 각 물건을 작은 순서대로 "작다, 조금 작다, 가장 작다."라고 말하는 시범을 보인다.
- 유아에게 교사를 모방하여 각 물건을 작은 순서대로 "작다, 조금 작다, 가장 작다."라고 말해 보라고 한다.
- 수행되면 유아 스스로 각 물건을 작은 순서대로 "작다, 조금 작다, 가장 작다."라고 말해 보라고 한다.
- 수행되면 교사가 크기가 다른 세 가지 물건의 위치를 다양하게 바꾸어 놓은 후 유아에게 작은 순서대로 "작다, 조금 작다, 가장 작다."라고 말해 보라고 한다.
- 수행되면 유아의 특성에 맞는 적절한 강화제를 제공한다.

방법 ❷

- 교사가 예를 들어 크기가 다른 상자 세 개를 작은 순서대로 제시한 후 첫 번째 상자를 가리키며 "작다.", 두 번째 상자를 가리키며 "조금 작다.", 가장 작은 상자를 가리키며 "가장(제일) 작다."라고 말하는 시범을 보인다.
- 유아에게 교사를 모방하여 각 상자를 가리키며, "작다." "조금 작다." "가장(제일) 작다."라고 말해 보라고 한다.
- 말하지 못하면 교사가 첫 번째 상자를 가리키며 "작다."라고 말하는 시범을 보인다.
- 유아에게 교사를 모방하여 첫 번째 상자를 가리키며 "작다."라고 말해 보라고 한다.

• 말하지 못하면 교사가 첫 번째 상자를 가리키며 "작다."라고 반복하여 말해 준 후 유아에게 "작다."라고 말해 보라고 한다.
• 수행되면 교사가 두 번째 상자를 가리키며 "조금 작다."라고 반복하여 말해 준 후 유아에게 교사를 모방하여 "조금 작다."라고 말해 보라고 한다.
• 수행되면 교사가 "조금."이라고 말해 준 후 유아에게 "조금 작다."라고 말해 보라고 한다.
• 수행되면 교사가 "조."라고 첫소리를 말해 준 후 유아에게 "조금 작다."라고 말해 보라고 한다.
• 도움을 점차 줄여 간다.
• 수행되면 교사가 첫 번째 상자를 가리킬 때 유아 스스로 "작다."라고 말하고, 두 번째 상자를 가리킬 때 유아 스스로 "조금 작다."라고 말해 보라고 한다.
• 수행되면 교사가 가장 작은 상자를 가리키며 "가장(제일) 작다."라고 말하는 시범을 보인다.
• 유아에게 교사를 모방하여 가장 작은 상자를 가리키며 "가장(제일) 작다."라고 말해 보라고 한다.
• 말하지 못하면 '조금 작은' 상자를 지도한 것과 같은 방법으로 지도한다.
• 수행되면 교사가 각 상자를 가리킬 때 유아 스스로 "작다." "조금 작다." "가장(제일) 작다."라고 말해 보라고 한다.
• 수행되면 교사가 크기가 다른 다양한 물건들을 각각 세 개씩 제시한 후 작은 순서대로 말해 보라고 할 때 유아 스스로 "작다, 조금 작다, 가장(제일) 작다."라고 말해 보라고 한다.
• 수행되면 유아의 특성에 맞는 적절한 강화제를 제공한다.

☞ 교사가 각 상자에 방울을 넣어 놓고 유아에게 작은 순서대로 말하면서 상자를 쌓은 후 쓰러뜨려 보라고 하면 재미있게 지도할 수 있다. 특히 상자를 넘어뜨릴 때 상자 속에서 방울 소리가 나면서 쓰러지므로 유아의 흥미를 유발할 수 있다.

☞ 교사가 처음 지도 시에는 예를 들어 작은 선물 상자는 빨간색, 조금 작은 상자는 노란색, 제일 작은 상자는 파란색을 제시하여 지도하면 유아가 좀 더 쉽게 습득할 수 있다. 단, 색이 단서가 되어 수행할 수 있으므로 수행이 되면 반드시 물건의 색을 같은 색으로 제시하여 확인하도록 한다.

115 두 가지 상황을 순서대로 말하기

5~6세

목표 | 두 가지 상황을 순서대로 말할 수 있다.

자료 | 상황의 순서를 나타내는 그림, 강화제

방법 ❶

- 교사가 두 가지 상황의 순서를 나타내는 다양한 그림을 제시한 후 상황을 순서대로 말하는 시범을 보인다.
- 유아에게 교사를 모방하여 각 그림을 보면서 상황을 순서대로 말해 보라고 한다.
- 수행되면 교사가 상황이 일어난 순서를 물어볼 때 유아 스스로 상황을 순서대로 말해 보라고 한다.
- 수행되면 유아의 특성에 맞는 적절한 강화제를 제공한다.

방법 ❷

- 교사가 예를 들어 아파서 누워 있는 그림과 의사에게 진찰 받는 그림을 제시한 후 "아파서 의사에게 진찰을 받아요."라고 말하는 시범을 보인다.
- 유아에게 교사를 모방하여 "아파서 의사에게 진찰을 받아요."라고 말해 보라고 한다.
- 말하지 못하면 교사가 "아파서 의사에게 진찰을."이라고 말해 준 후 유아에게 "받아요."라고 말해 보라고 한다.
- 수행되면 교사가 "아파서 의사에게."라고 말해 준 후 유아에게 "진찰을 받아요." 라고 말해 보라고 한다.
- 수행되면 교사가 "아파서."라고 말해 준 후 유아에게 "의사에게 진찰을 받아요." 라고 말해 보라고 한다.
- 수행되면 교사가 "아."라고 첫소리를 말해 준 후 유아에게 "아파서 의사에게 진찰을 받아요."라고 말해 보라고 한다.

- 도움을 점차 줄여 간다.
- 수행되면 교사가 아파서 누워 있는 그림과 의사에게 진찰을 받는 그림을 제시한 후 순서를 물어볼 때 유아 스스로 "아파서 의사에게 진찰을 받아요."라고 말해 보라고 한다.
- 수행되면 교사가 예를 들어 머리를 감는 그림과 머리를 빗는 그림을 보여 주면서 "머리를 감은 후 머리 빗어요."라고 말하는 시범을 보인다.
- 유아에게 교사를 모방하여 "머리를 감은 후 머리 빗어요."라고 말해 보라고 한다.
- 말하지 못하면 아파서 의사에게 진찰을 받는 순서를 지도한 것과 같은 방법으로 지도한다.
- 수행되면 교사가 다양한 상황의 그림들을 제시한 후 유아 스스로 상황을 순서대로 말해 보라고 한다.
- 수행되면 유아의 특성에 맞는 적절한 강화제를 제공한다.

샴푸
린스
유치원

116 간단한 질문하기

5~6세

목표 | 간단한 질문을 할 수 있다.

자료 | 다양한 사물, 장소 등의 그림카드, 강화제

방법 ❶

- 교사가 간단한 질문(예: 사탕 줄까?, 왜 울어?, 우유 줄까?, 양말 어디 있어요?, 무슨 음식 만들어요?, 스티커 줄까? 등)을 하는 시범을 보인다.
- 유아에게 교사를 모방하여 간단한 질문(예: 사탕 줄까?, 왜 울어?, 우유 줄까?, 양말 어디 있어요?, 무슨 음식 만들어요?, 스티커 줄까? 등)을 해 보라고 한다.
- 수행되면 유아 스스로 간단한 질문을 해 보라고 한다.
- 수행되면 유아의 특성에 맞는 적절한 강화제를 제공한다.

방법 ❷

- 교사가 예를 들어 유아에게 "사탕 줄까?" 라고 물어본 후 사탕을 주는 시범을 보인다.
- 유아에게 사탕을 준 후 교사를 모방하여 "사탕 줄까(줄까요)?" 라고 물어보라고 한다.
- 물어보지 못하면 교사가 "사탕 줄까?" 를 반복하여 말해 준 후 유아에게 교사를 모방하며 "사탕 줄까(줄까요)?" 라고 물어보라고 한다.
- 수행되면 교사가 "사탕." 이라고 말해 준 후 유아에게 "사탕 줄까?" 라고 물어보라고 한다.
- 수행되면 교사가 "사." 라고 첫소리를 말해 준 후 유아에게 "사탕 줄까?" 라고 물어보라고 한다.
- 수행되면 교사가 '사탕 줄까?' 라고 말하는 입 모양을 보여 주며 유아에게 "사탕 줄까?" 라고 물어보라고 한다.
- 도움을 점차 줄여 간다.

- 수행되면 유아 스스로 교사에게 "사탕 줄까(줄까요)?"라고 물어보라고 한다.
- 수행되면 교사가 예를 들어 ○○가 우는 그림을 제시한 후 유아에게 "왜 울어?"라고 물어보는 시범을 보인다.
- 유아에게 교사를 모방하여 "왜 울어?"라고 물어보라고 한다.
- 물어보지 못하면 '사탕 줄까?'를 지도한 것과 같은 방법으로 지도한다.
- 수행되면 유아 스스로 다양한 상황(예: 양말이 없는 상황, 음식을 만들고 있는 상황)에서 적절한 질문(예: 양말 어디 있어요?, 무슨 음식 만들어요? 등)을 해 보라고 한다.
- 수행되면 유아의 특성에 맞는 적절한 강화제를 제공한다.

☞ 가능하면 교사가 실제 상황(예: 우는 그림 제시 시 실제 우는 시늉을 함)을 보여 주면서 지도하면 효과적이다.

117 '그리고' 사용하기

5~6세

목표 | '그리고'를 사용하여 문장을 말할 수 있다.

자료 | 다양한 사물, 장소 등의 그림카드, 강화제

방법 ❶

- 교사가 '그리고'를 사용하여 문장을 말하는 시범을 보인다.
- 유아에게 교사를 모방하여 '그리고'를 사용하여 문장을 말해 보라고 한다.
- 수행되면 유아 스스로 '그리고'를 사용하여 문장을 말해 보라고 한다.
- 수행되면 유아의 특성에 맞는 적절한 강화제를 제공한다.

방법 ❷

- 교사가 예를 들어 사과를 먹는 그림과 우유를 마시는 그림을 제시한 후 '그리고'를 사용하여 "사과를 먹었어요. 그리고 우유를 마셨어요."라고 말하는 시범을 보인다.
- 유아에게 교사를 모방하여 '그리고'를 사용하여 "사과를 먹었어요. 그리고 우유를 마셨어요."라고 말해 보라고 한다.
- 말하지 못하면 교사가 "그리고."를 반복하여 말해 준 후 유아에게 "그리고."를 말해 보라고 한다.
- 수행되면 교사가 "그."라고 첫소리를 말해 준 후 유아에게 "그리고."를 말해 보라고 한다.
- 수행되면 교사가 '그리고' 라고 말하는 입 모양을 보여 주며 유아에게 "그리고."를 말해 보라고 한다.
- 도움을 점차 줄여 간다.
- 수행되면 유아 스스로 "그리고."를 말해 보라고 한다.

- 수행되면 교사가 "사과를 먹었어요. 그리고."라고 말해 준 후 유아에게 "우유를 마셨어요."라고 말해 보라고 한다.
- 수행되면 교사가 "사과를 먹었어요."라고 말해 준 후 유아에게 "그리고 우유를 마셨어요."라고 말해 보라고 한다.
- 수행되면 교사가 "사과를."이라고 말해 준 후 유아에게 "먹었어요. 그리고 우유를 마셨어요."라고 말해 보라고 한다.
- 수행되면 교사가 "사과."라고 말해 준 후 유아에게 "사과를 먹었어요. 그리고 우유를 마셨어요."라고 말해 보라고 한다.
- 수행되면 교사가 사과를 먹는 동작과 우유를 마시는 동작을 보여 주며 유아에게 "사과를 먹었어요. 그리고 우유를 마셨어요."라고 말해 보라고 한다.
- 도움을 점차 줄여 간다.
- 수행되면 교사가 사과를 먹는 그림과 우유를 마시는 그림을 제시할 때 유아 스스로 "사과를 먹었어요. 그리고 우유를 마셨어요."라고 말해 보라고 한다.
- 수행되면 교사가 예를 들어 세수하는 그림과 양치질하는 그림을 제시한다.
- 교사가 '그리고'를 사용하여 "세수를 했어요. 그리고 양치질도 했어요(이빨도 닦았어요)."라고 말하는 시범을 보인다.
- 유아에게 교사를 모방하여 "세수를 했어요. 그리고 양치질도 했어요."라고 말해 보라고 한다.
- 말하지 못하면 '그리고'를 사용하여 사과와 우유를 연결한 것과 같은 방법으로 지도한다.
- 수행되면 유아 스스로 다양한 사물 및 장소 등의 그림을 보면서 '그리고'를 사용하여 문장을 말해 보라고 한다.
- 수행되면 유아의 특성에 맞는 적절한 강화제를 제공한다.

우유

5~6
세

118 생일 축하 노래 부르기

5~6세

목표 | 생일 축하 노래를 부를 수 있다.

자료 | 생일 축하 노래가 쓰여 있는 전지, 카세트, 강화제

방법 ❶

- 교사가 생일 축하 노래가 쓰여 있는 전지를 걸어 놓은 후 카세트를 켜고 유아에게 생일 축하 노래를 들려준다.
- 교사가 "생일 ♬ 축하합니다 ♬ 생일 축하합니다 ♬ 사랑하는 ○○의 ♬ 생일 축하 ♬ 합니다 ♬"라고 노래를 부르는 시범을 보인다.
- 유아에게 교사를 모방하여 생일 축하 노래를 불러 보라고 한다.
- 수행되면 유아 스스로 생일 축하 노래를 불러 보라고 한다.
- 수행되면 유아의 특성에 맞는 적절한 강화제를 제공한다.

방법 ❷

- 교사가 생일 축하 노래가 쓰여 있는 전지를 걸어 놓은 후 카세트를 켜고 유아에게 생일 축하 노래를 들려준다.
- 교사가 "생일 ♬ 축하합니다 ♬"라고 노래를 부르는 시범을 보인다.
- 유아에게 교사를 모방하여 "생일 ♬ 축하합니다 ♬"라고 노래를 불러 보라고 한다.
- 부르지 못하면 교사가 "생일 축하."라고 반복하여 말해 준 후 유아에게 "합니다." 라고 불러 보라고 한다.
- 수행되면 교사가 "생일."이라고 말해 준 후 유아에게 "축하합니다."라고 불러 보라고 한다.
- 수행되면 교사가 "생."이라고 첫소리를 말해 준 후 유아에게 "생일 ♬ 축하합니다 ♬"라고 불러 보라고 한다.

- 수행되면 교사가 "생일 ♬ 축하합니다 ♬"라고 노래를 불러 준 후 유아에게 "생일 ♬ 축하합니다 ♬"라고 노래를 불러 보라고 한다.
- 수행되면 교사가 "생일 ♬ 축하합니다 생일 ♬ 축하합니다 ♬"라고 노래를 불러 준 후 유아에게 생일 축하 노래를 불러 보라고 한다.
- 도움을 점차 줄여 간다.
- 수행되면 유아 스스로 "생일 ♬ 축하합니다 생일 ♬ 축하합니다 ♬"라고 노래를 불러 보라고 한다.
- 수행되면 교사가 "사랑하는 ○○의."라고 노래를 불러 준 후 유아에게 교사를 모방하여 "사랑하는 ○○의."라고 노래를 불러 보라고 한다.
- 부르지 못하면 교사가 "사랑하는 ○○의."라고 반복하여 노래를 불러 준 후 유아에게 "사랑하는 ○○의."라고 노래를 불러 보라고 한다.
- 수행되면 교사가 "사랑하는."이라고 노래를 불러 준 후 유아에게 "○○의."라고 노래를 불러 보라고 한다.
- 수행되면 교사가 "사."라고 첫소리를 말해 준 후 유아에게 "사랑하는 ○○의."라고 노래를 불러 보라고 한다.
- 도움을 점차 줄여 간다.
- 수행되면 유아 스스로 "사랑하는 ○○의"라고 노래를 불러 보라고 한다.
- 수행되면 교사가 "생일 ♬ 축하합니다 ♬ 생일 ♬ 축하합니다 사랑하는 ○○의 ♬"라고 노래를 불러 준 후 유아에게 교사를 모방하여 노래를 불러 보라고 한다.
- 수행되면 교사가 "사랑하는 ○○의 ♬ 생일 축하 ♬ 합니다 ♬"라고 노래를 불러 준 후 유아에게 교사를 모방하여 노래를 불러 보라고 한다.
- 수행되면 교사가 "생일 ♬ 축하합니다 ♬ 생일 축하합니다 ♬ 사랑하는 ○○의 ♬ 생일 축하 ♬ 합니다 ♬"라고 노래를 불러 준 후 유아에게 교사를 모방하여 노래를 불러 보라고 한다.
- 수행되면 유아 스스로 생일 축하 노래를 불러 보라고 한다.
- 수행되면 유아의 특성에 맞는 적절한 강화제를 제공한다.

119 화폐 단위 말하기

6~7세

목표 | 화폐 단위를 말할 수 있다.

자료 | 100원, 500원, 1,000원, 과자, 사탕, 장난감 등, 강화제

방법 ❶

- 교사가 100원, 500원, 1,000원을 유아 앞에 제시한 후 각 화폐 단위를 말하는 시범을 보인다.
- 유아에게 교사를 모방하여 각 화폐 단위를 말해 보라고 한다.
- 수행되면 교사가 각 화폐를 제시할 때 유아 스스로 화폐 단위를 말해 보라고 한다.
- 수행되면 유아의 특성에 맞는 적절한 강화제를 제공한다.

방법 ❷

- 교사가 예를 들어 '500원'을 제시한 후 "오백 원."이라고 말하는 시범을 보인다.
- 유아에게 교사를 모방하여 "오백 원."이라고 말해 보라고 한다.
- 말하지 못하면 교사가 "오백 원."이라고 반복하여 말해 준 후 유아에게 "오백 원."이라고 말해 보라고 한다.
- 수행되면 교사가 "오."라고 첫소리를 말해 준 후 유아에게 "오백 원."이라고 말해

보라고 한다.

- 수행되면 교사가 '오백 원'이라고 말하는 입 모양을 보여 준 후 유아에게 "오백 원."이라고 말해 보라고 한다.
- 도움을 점차 줄여 간다.
- 수행되면 유아 스스로 "오백 원."이라고 말해 보라고 한다.
- 수행되면 교사가 예를 들어 '1,000원'을 유아 앞에 제시한 후 "천 원."이라고 말하는 시범을 보인다.
- 유아에게 교사를 모방하여 "천 원."이라고 말해 보라고 한다.
- 말하지 못하면 '오백 원'을 지도한 것과 같은 방법으로 지도한다.
- 수행되면 교사가 '500원'과 '1,000원'을 보여 줄 때 유아 스스로 "오백 원." 또는 "천 원."이라고 말해 보라고 한다.
- 수행되면 교사가 '100원'을 유아 앞에 제시한 후 "백 원."이라고 말하는 시범을 보인다.
- 유아에게 교사가 모방하여 "백 원."이라고 말해 보라고 한다.
- 말하지 못하면 '오백 원'을 지도한 것과 같은 방법으로 지도한다.
- 수행되면 교사가 '100원'과 '500원', '1,000원'을 제시한 후 각 화폐 단위를 물어볼 때 유아 스스로 "백 원." "오백 원." "천 원."이라고 말해 보라고 한다.
- 수행되면 유아의 특성에 맞는 적절한 강화제를 제공한다.

방법 ❸

- 교사가 예를 들어 유아가 좋아하는 사탕에 '100원', 우유에 '500원', 과자에 '1,000원' 등을 붙여 놓은 후 교사는 손님을 하고 유아는 가게 주인을 하게 한다.
- 교사가 "우유가 얼마예요."라고 물어보고 "오백 원."이라고 대답한 후 '500원'을 주고 과자를 사는 시범을 보인다.
- 교사가 "우유가 얼마예요."라고 물어보면 유아에게 교사를 모방하여 "오백 원."이라고 말해 보라고 한다.

- 말하지 못하면 교사가 "오백 원."이라고 반복하여 말해 준 후 유아에게 "오백 원." 이라고 말해 보라고 한다.
- 수행되면 교사가 "오."라고 첫소리를 말해 준 후 유아에게 "오백 원."이라고 말해 보라고 한다.
- 수행되면 교사가 "오백 원."이라고 말하는 입 모양을 보여 주며 유아에게 "오백 원."이라고 말해 보라고 한다.
- 도움을 점차 줄여 간다.
- 수행되면 교사가 "우유가 얼마예요."라고 물어볼 때 유아 스스로 "오백 원."이라고 말해 보라고 한다.
- 수행되면 교사가 "과자가 얼마예요."라고 물어보고 "천 원."이라고 대답한 후 '1,000원'을 주고 과자를 사는 시범을 보인다.
- 교사가 "과자가 얼마예요."라고 물어보면 유아에게 교사를 모방하여 "천 원."이라고 말해 보라고 한다.
- 말하지 못하면 우유를 지도한 것과 같은 방법으로 지도한다.
- 수행되면 '100원'도 같은 방법으로 지도한다.
- 수행되면 교사가 각 물건의 가격을 물어볼 때 유아 스스로 "오백 원." "천 원." "백 원."이라고 말해 보라고 한다.
- 수행되면 유아의 특성에 맞는 적절한 강화제를 제공한다.

☞ 화폐 단위 지도 시 같은 동전인 100원, 500원을 가지고 지도하는 것보다 확연하게 차이가 나는 500원과 1,000원 또는 100원과 1,000원을 가지고 지도하는 것이 훨씬 효과적이다. 수행되면 유아의 상태에 따라 '5,000원' '10,000원'도 같은 방법으로 지도할 수 있다.

2002
100

500

DE 2164092 A
한국은행
천원
1000
한국은행 총재
1000
DE 2164092 A

AK 0987649 E
한국은행
오천원
5000
한국은행 총재
5000
AK 0987649 E

CH 3019234 D
한국은행
만원
10000
한국은행 총재
10000
CH 3019234 D

6~7
세

120 복수형으로 말하기

6~7세

목표 | 사물이 두 개 이상일 때 복수형으로 말할 수 있다.

자료 | 다양한 물건(예: 컵, 연필, 사탕, 딸기, 공, 동화책 여러 개), 스티커, 강화제

방법 ❶

- 교사가 두 개 이상의 물건을 말할 때는 "○○들."이라고 말한다는 것을 유아에게 설명해 준다.
- 교사가 여러 개의 다양한 물건(예: 컵, 연필, 사탕, 딸기, 공, 동화책 여러 개)을 유아 앞에 제시한 후 여러 개의 물건을 가리키며 "○○들."이라고 말하는 시범을 보인다.
- 유아에게 교사를 모방하여 여러 개의 물건을 가리키며 "○○들."이라고 말해 보라고 한다.
- 수행되면 유아 스스로 여러 개의 물건을 가리키며 "○○들."이라고 말해 보라고 한다.
- 수행되면 유아의 특성에 맞는 적절한 강화제를 제공한다.

방법 ❷

- 교사가 두 개 이상의 물건을 말할 때는 "○○들."이라고 말한다는 것을 유아에게 설명해 준다.
- 교사가 예를 들어 다섯 개의 사탕을 제시한 후 "사탕들."이라고 말하는 시범을 보인다.
- 유아에게 교사를 모방하여 다섯 개의 사탕을 가리키며 "사탕들."이라고 말해 보라고 한다.
- 말하지 못하면 교사가 "사탕들."이라고 반복하여 말해 준 후 유아에게 "사탕들."이라고 말해 보라고 한다.

- 수행되면 교사가 "사."라고 첫소리를 말해 준 후 유아에게 "사탕들."이라고 말해 보라고 한다.
- 수행되면 교사가 '사탕들'이라고 말하는 입 모양을 보여 주며 유아에게 "사탕들." 이라고 말해 보라고 한다.
- 도움을 점차 줄여 간다.
- 수행되면 교사가 다섯 개의 사탕을 가리킬 때 유아 스스로 "사탕들."이라고 말해 보라고 한다.
- 수행되면 교사가 예를 들어 세 개의 연필을 제시한 후 "연필들."이라고 말하는 시범을 보인다.
- 유아에게 교사를 모방하여 세 개의 연필을 가리키며 "연필들."이라고 말해 보라고 한다.
- 말하지 못하면 '사탕'을 지도한 것과 같은 방법으로 지도한다.
- 수행되면 다른 여러 개의 물건들도 같은 방법으로 지도한다.
- 수행되면 유아 스스로 여러 개의 물건을 가리키며 "○○들."이라고 말해 보라고 한다.
- 수행되면 유아의 특성에 맞는 적절한 강화제를 제공한다.

방법 ❸

- 교사가 두 개 이상의 물건을 말할 때는 "○○들."이라고 말한다는 것을 유아에게 설명해 준 후 유아에게 스티커를 제공한다.
- 교사가 예를 들어 네 개의 스티커를 붙이면서 "스티커들."이라고 말하는 시범을 보인다.
- 유아에게 교사를 모방하여 네 개의 스티커를 붙이면서 "스티커들."이라고 말해 보라고 한다.
- 말하지 못하면 교사가 "스티커들."이라고 반복하여 말해 준 후 유아에게 "스티커들."이라고 말해 보라고 한다.

- 수행되면 교사가 "스."라고 첫소리를 말해 준 후 유아에게 "스티커들."이라고 말해 보라고 한다.
- 수행되면 교사가 '스티커들'이라고 말하는 입 모양을 보여 주며 유아에게 "스티커들."이라고 말해 보라고 한다.
- 도움을 점차 줄여 간다.
- 수행되면 유아 스스로 네 개의 스티커를 붙이면서 "스티커들."이라고 말해 보라고 한다.
- 수행되면 유아 스스로 다양한 스티커를 여러 개 붙이면서 "스티커들."이라고 말해 보라고 한다.
- 수행되면 유아의 특성에 맞는 적절한 강화제를 제공한다.

☞ 복수형 지도 시 처음에는 많은 개수를 가지고 지도하다가 점차 개수를 줄여 가며 지도하도록 한다.

☞ **방법 ❸**은 시판되고 있는 스티커를 활용하여 과일, 별, 등 다양한 스티커를 두 개 이상 붙이게 하면서 복수에 대한 표현을 할 수 있도록 지도하면 유아들이 흥미 있게 과제를 수행하는 데 도움이 될 수 있다.

☞ 각 물건의 사진 및 그림을 오려서 코팅하거나 다음 그림을 복사하여 코팅한 후 교구로 제작하여 사용하면 편리하다. 각 물건의 그림 뒷면에는 까슬이를 붙이고, 하드보드지에는 보슬이를 붙이면 된다. 쉽게 붙였다 뗐다 할 수 있으므로 개수를 다양하게 바꾸어 지도할 수 있어 활용도가 높다. 하드보드지와 코팅지는 문구점에서 구입할 수 있다.

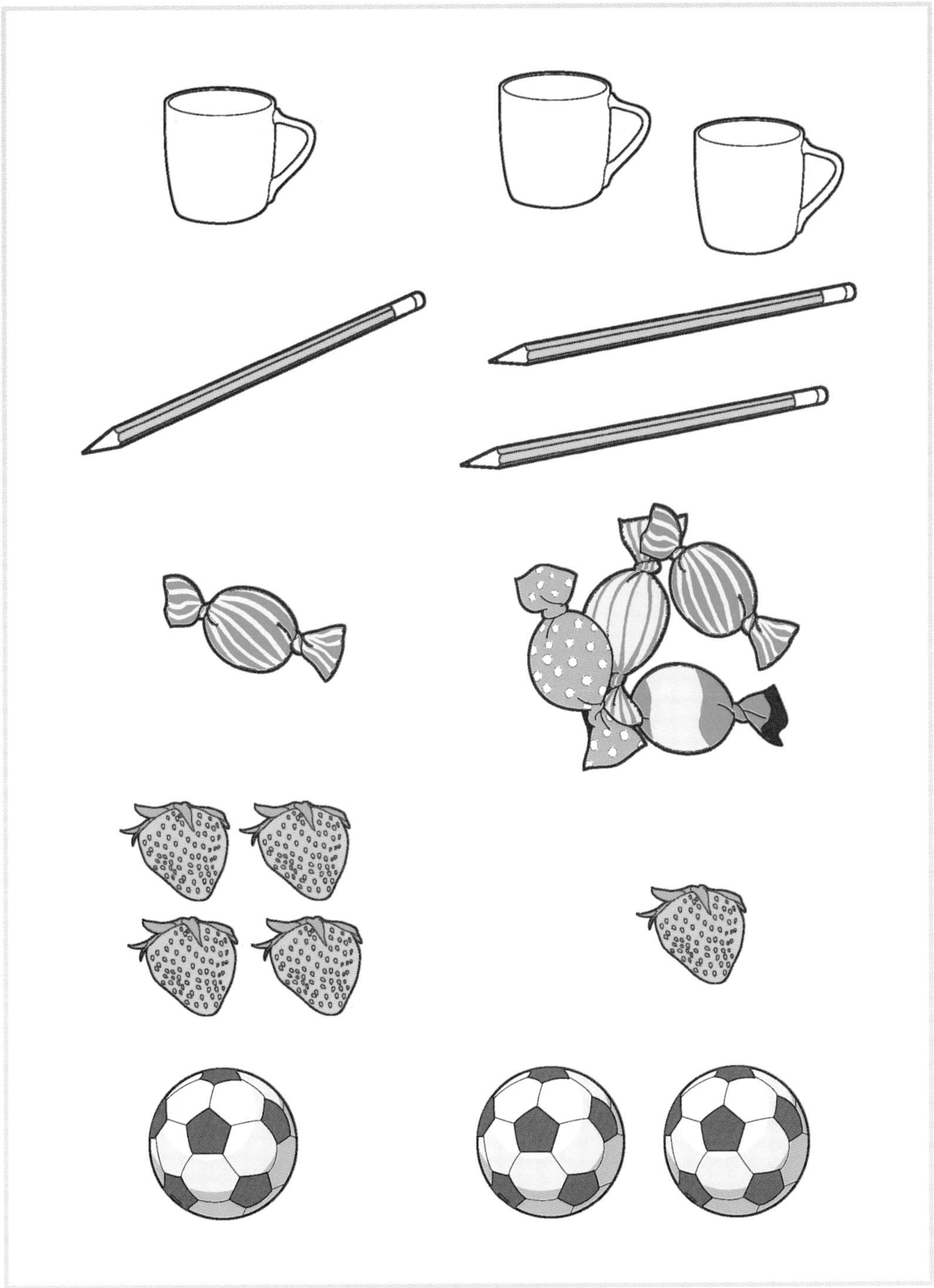

6~7 세

121 그림에서 이상한 부분 말하기

6~7세

목표 | 그림에서 이상한 부분을 말할 수 있다.

자료 | 이상한 부분이 있는 다양한 그림, 강화제

방법 ❶

- 교사가 다양한 그림을 제시한 후 이상한 점을 말하는 시범을 보인다.
- 유아에게 교사를 모방하여 각 그림을 보고 이상한 점을 말해 보라고 한다.
- 수행되면 유아 스스로 각 그림을 보고 이상한 점을 말해 보라고 한다.
- 수행되면 유아의 특성에 맞는 적절한 강화제를 제공한다.

방법 ❷

- 교사가 예를 들어 해가 있는데 우산을 쓰고 있는 그림을 보여 주며 이상한 부분을 말해 보라고 할 때 "해가 있는데 우산을 쓰고 있어요."라고 말하는 시범을 보인다.
- 교사가 그림의 이상한 부분을 물어볼 때 유아에게 교사를 모방하여 "해가 있는데 우산을 쓰고 있어요."라고 말해 보라고 한다.
- 말하지 못하면 교사가 "해가 있는데 우산을."이라고 말해 준 후 유아에게 "쓰고 있어요."라고 말해 보라고 한다.
- 수행되면 교사가 "해가 있는데."라고 말해 준 후 유아에게 "우산을 쓰고 있어요."라고 말해 보라고 한다.
- 수행되면 교사가 "해가."라고 말해 준 후 유아에게 "해가 있는데 우산을 쓰고 있어요."라고 말해 보라고 한다.
- 수행되면 교사가 "해."라고 첫소리를 말해 준 후 유아에게 "해가 있는데 우산을 쓰고 있어요."라고 말해 보라고 한다.
- 도움을 점차 줄여 간다.

- 수행되면 교사가 해가 있는데 우산을 쓴 그림을 보여 줄 때 유아 스스로 “해가 있는데 우산을 쓰고 있어요.”라고 말해 보라고 한다.
- 수행되면 교사가 예를 들어 배가 하늘에 있는 그림을 보여 주며 이상한 부분을 말해 보라고 할 때 “배가 하늘에 있어요.”라고 말하는 시범을 보인다.
- 교사가 그림의 이상한 부분을 물어볼 때 유아에게 교사를 모방하여 “배가 하늘에 있어요.”라고 말해 보라고 한다.
- 말하지 못하면 해가 있는데 우산을 쓰고 있는 그림을 지도한 것과 같은 방법으로 지도한다.
- 수행되면 교사가 잘못된 부분이 있는 다양한 그림을 제시한 후 유아 스스로 각 그림의 이상한 점을 말해 보라고 한다.
- 수행되면 유아의 특성에 맞는 적절한 강화제를 제공한다.

6~7
세

122 "좁다."와 "넓다." 표현하기

6~7세

목표 | "좁다."와 "넓다."를 표현할 수 있다.

자료 | "좁다." 및 "넓다."와 관련된 모형이나 그림, 강화제

방법 ❶

- 교사가 '좁다'와 관련된 그림을 보여 주며 "좁다."라고 말하고, '넓다'와 관련된 그림을 보여 주며 "넓다."라고 말하는 시범을 보인다.
- 유아에게 교사를 모방하여 '좁다'와 관련된 그림을 가리키며"좁다."라고 말하고, '넓다'와 관련된 그림을 가리키며"넓다."라고 말해 보라고 한다.
- 수행되면 유아 스스로 '좁다'와 관련된 그림을 가리키며 "좁다."라고 말하고, '넓다'와 관련된 그림을 가리키며"넓다."라고 말해 보라고 한다.
- 수행되면 유아의 특성에 맞는 적절한 강화제를 제공한다.

방법 ❷

- 교사가 좁은 침대 그림을 보여 주며 "좁다라고 ♬ 말~해 봐요 ♬ 말~해 봐요 ♬"라고 노래를 부르며 "좁다."라고 말하는 시범을 보인다.
- 유아에게 교사를 모방하여 "좁다."라고 말해 보라고 한다.
- 말하지 못하면 교사가 "좁다."라고 반복하여 말해 준 후 유아에게 "좁다."라고 말해 보라고 한다.
- 수행되면 교사가 "좁."이라고 첫소리를 말해 준 후 유아에게 "좁다."라고 말해 보라고 한다.
- 수행되면 교사가 '좁다'라고 말하는 입 모양을 보여 주며 유아에게 "좁다."라고 말해 보라고 한다.
- 도움을 점차 줄여 간다.

- 수행되면 유아 스스로 좁은 침대 그림을 가리키며 “좁다.”라고 말해 보라고 한다.
- 수행되면 교사가 넓은 침대 그림을 보여 주며 “넓다라고 ♬ 말~해 봐요 ♬ 말~해 봐요 ♬”라고 노래를 부르며 “넓다.”라고 말하는 시범을 보인다.
- 유아에게 교사를 모방하여 “넓다.”라고 말해 보라고 한다.
- 말하지 못하면 ‘좁다’를 지도한 것과 같은 방법으로 지도한다.
- 수행되면 교사가 좁은 침대 그림을 보여 줄 때 유아 스스로 “좁다.”라고 말하고, 넓은 침대 그림을 보여 줄 때 “넓다.”라고 말해 보라고 한다.
- 수행되면 좁고 넓은 다양한 물건의 모형이나 그림을 제시한 후 같은 방법으로 지도한다.
- 수행되면 교사가 “좁다.” 및 “넓다.”와 관련된 모형이나 그림을 보여 줄 때 유아 스스로 “좁다.”와 “넓다.”를 말해 보라고 한다.
- 수행되면 유아의 특성에 맞는 적절한 강화제를 제공한다.

방법 ❸

- 교사가 좁은 바구니(상자)와 넓은 바구니(상자) 및 공을 유아에게 제공한다.
- 교사가 좁은 바구니에 공을 넣으며 “좁다.”라고 말하고 넓은 바구니에 공을 넣으며 “넓다.”라고 말하는 시범을 보인다.
- 유아에게 교사를 모방하여 좁은 바구니에 공을 넣으며 “좁다.”라고 말하고, 넓은 바구니에 공을 넣으며 “넓다.”라고 말해 보라고 한다.
- 말하지 못하면 교사가 좁은 바구니에 공을 넣으며 “좁다라고 ♬ 말~해 봐요 ♬ 말~해 봐요 ♬”라고 노래를 부르며 “좁다.”라고 말하는 시범을 보인다.
- 유아에게 교사를 모방하여 좁은 바구니에 공을 넣으며 “좁다.”라고 말해 보라고 한다.
- 말하지 못하면 교사가 “좁다.”라고 반복하여 말해 준 후 유아에게 좁은 바구니에 공을 넣으며 “좁다.”라고 말해 보라고 한다.
- 수행되면 교사가 “좁.”이라고 첫소리를 말해 준 후 유아에게 좁은 바구니에 공을

넣으며 "좁다."라고 말해 보라고 한다.

- 수행되면 교사가 '좁다'라고 말하는 입 모양을 보여 주며 유아에게 좁은 바구니에 공을 넣으며 "좁다."라고 말해 보라고 한다.
- 도움을 점차 줄여 간다.
- 수행되면 유아가 좁은 바구니에 공을 넣으며 유아 스스로 "좁다."라고 말해 보라고 한다.
- 수행되면 교사가 넓은 바구니에 공을 넣으며 "넓다라고 ♬ 말~해 봐요 ♬ 말~해 봐요 ♬"라고 노래를 부르며 "넓다."라고 말하는 시범을 보인다.
- 유아에게 교사를 모방하여 넓은 바구니에 공을 넣으며 "넓다."라고 말해 보라고 한다.
- 말하지 못하면 '좁다'를 지도한 것과 같은 방법으로 지도한다.
- 수행되면 유아 스스로 넓은 바구니에 공을 넣으며 "넓다."라고 말해 보라고 한다.
- 수행되면 유아의 특성에 맞는 적절한 강화제를 제공한다.

☞ 수행되면 확인을 위해 그림을 제시한 후, 예를 들어 좁은 그림에 동그라미를 그리게 하거나 스티커 붙이기, 또는 도장을 찍으면서 "좁다."와 "넓다."를 말할 수 있도록 지도하는 방법도 있다. 특히 시판되고 있는 도장은 동물 모양이나 과일, 수 등 다양한 그림들이 새겨져 있어 유아들이 흥미 있게 과제를 수행하는 데 도움이 될 수 있다.

6~7
세

좁다

넓다

좁다

넓다

좁다

넓다

123 여러 가지 문구 용품 말하기

6~7세

목표 | 여러 가지 문구 용품을 말할 수 있다.

자료 | 여러 가지 문구 용품의 실물이나 그림, 강화제

방법 ❶

- 교사가 여러 가지 문구 용품의 실물이나 그림을 제시한 후 유아에게 각 문구 용품을 말하는 시범을 보인다.
- 유아에게 교사를 모방하여 각 문구 용품을 말해 보라고 한다.
- 수행되면 교사가 각 문구 용품을 가리킬 때 유아 스스로 각 문구 용품을 말해 보라고 한다.
- 수행되면 유아의 특성에 맞는 적절한 강화제를 제공한다.

방법 ❷

- 교사가 예를 들어 가위를 유아 앞에 놓고 "가위라고 ♬ 말해 봐~요 ♬ 말해 봐~요 ♬"라고 노래 부르며 "가위."라고 말하는 시범을 보인다.
- 유아에게 교사를 모방하여 "가위."라고 말해 보라고 한다.
- 말하지 못하면 교사가 "가위."라고 반복하여 말해 준 후 유아에게 "가위."라고 말해 보라고 한다.
- 수행되면 교사가 "가."라고 첫소리를 말해 준 후 유아에게 "가위."라고 말해 보라고 한다.
- 수행되면 교사가 '가위'라고 말하는 입 모양을 보여 주며 유아에게 "가위."라고 말해 보라고 한다.
- 수행되면 교사가 종이를 오리는 동작을 보여 주며 유아에게 "가위."라고 말해 보라고 한다.

- 도움을 점차 줄여 간다.
- 수행되면 교사가 '가위'를 가리킬 때 유아 스스로 "가위."라고 말해 보라고 한다.
- 수행되면 교사가 예를 들어 연필을 유아 앞에 놓고 "연필이라고 ♬ 말해 봐~요 ♬ 말해 봐~요 ♬"라고 노래 부르며 "연필."이라고 말하는 시범을 보인다.
- 유아에게 교사를 모방하여 "연필."이라고 말해 보라고 한다.
- 말하지 못하면 '가위'를 지도한 것과 같은 방법으로 지도한다.
- 수행되면 다른 문구 용품들도 같은 방법으로 지도한다.
- 수행되면 교사가 각 문구 용품을 가리킬 때 유아 스스로 각 문구 용품을 말해 보라고 한다.
- 수행되면 여러 가지 문구 용품의 위치를 다양하게 바꾸어 놓고 교사가 각 문구 용품을 가리킬 때 유아 스스로 각 문구 용품을 말해 보라고 한다.
- 수행되면 유아의 특성에 맞는 적절한 강화제를 제공한다.

☞ 가능하면 실물로 지도하도록 하고 수행되면 확인을 위해 그림을 제시한 후 예를 들어 가위 그림에 동그라미를 그리게 하거나 스티커 붙이기, 또는 도장을 찍으면서 '가위'를 말할 수 있도록 지도하는 방법도 있다. 특히 시판되고 있는 도장은 동물 모양이나 과일, 수 등 다양한 그림들이 새겨져 있어 유아들이 흥미 있게 과제를 수행하는 데 도움이 될 수 있다.

☞ 각 문구 용품의 사진 및 그림을 오려서 코팅하거나 다음 그림을 복사하여 코팅한 후 교구로 제작하여 사용하면 편리하다. 각 문구 용품의 그림 뒷면에는 까슬이를 붙이고, 하드보드지에는 보슬이를 붙이면 된다. 쉽게 붙였다 뗐다 할 수 있으므로 위치를 다양하게 바꾸어 지도할 수 있어 활용도가 높다. 하드보드지와 코팅지는 문구점에서 구입할 수 있다.

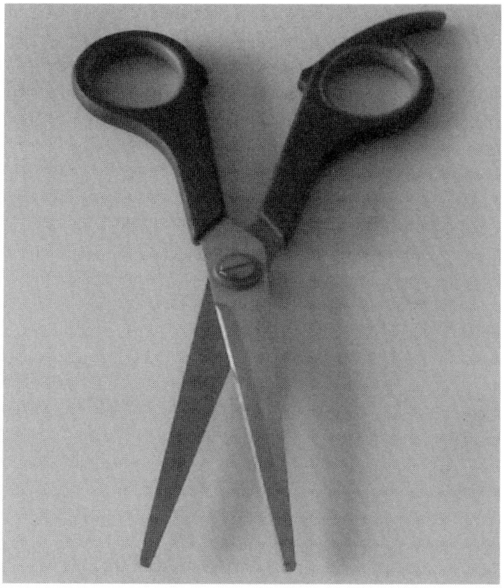

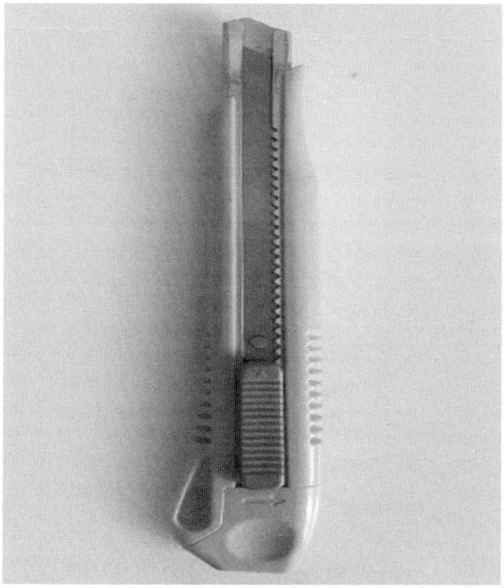
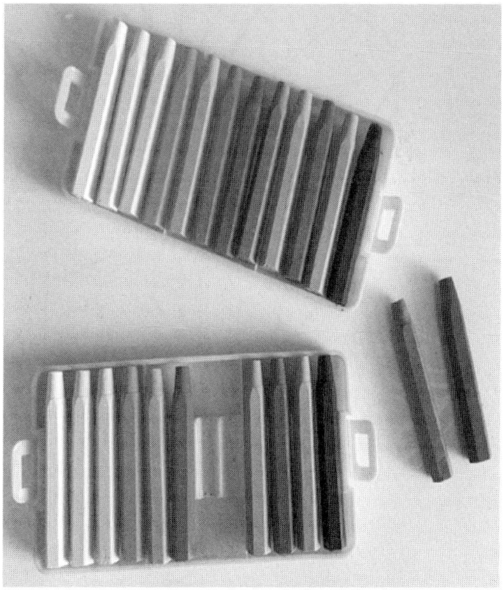

도리
NEMO

My
Sweet lady
Luby

4B점보 미술용
화랑

124 채소 이름 말하기

6~7세

목표 | 여러 가지 채소 이름을 말할 수 있다.

자료 | 여러 가지 채소의 실물이나 그림, 강화제

방법 ❶

- 교사가 여러 가지 채소의 실물이나 그림을 제시한 후 유아에게 각 채소 이름(예: 오이, 배추, 고추, 당근)을 말하는 시범을 보인다.
- 유아에게 교사를 모방하여 각 채소 이름을 말해 보라고 한다.
- 수행되면 교사가 각 채소를 가리킬 때 유아 스스로 각 채소 이름을 말해 보라고 한다.
- 수행되면 유아의 특성에 맞는 적절한 강화제를 제공한다.

방법 ❷

- 교사가 예를 들어 오이를 유아 앞에 놓고 "오이라고 ♬ 말해 봐~요 ♬ 말해 봐~요 ♬"라고 노래 부르며 "오이."라고 말하는 시범을 보인다.
- 유아에게 교사를 모방하여 "오이."라고 말해 보라고 한다.
- 말하지 못하면 교사가 "오이."라고 반복하여 말해 준 후 유아에게 "오이."라고 말해 보라고 한다.
- 수행되면 교사가 "오."라고 첫소리를 말해 준 후 유아에게 "오이."라고 말해 보라고 한다.
- 수행되면 교사가 '오이'라고 말하는 입 모양을 보여 주며 유아에게 "오이."라고 말해 보라고 한다.
- 도움을 점차 줄여 간다.
- 수행되면 유아 스스로 "오이."라고 말해 보라고 한다.

- 수행되면 교사가 예를 들어 배추를 유아 앞에 놓고 "배추라고 ♬ 말해 봐~요 ♬ 말해 봐~요 ♬"라고 노래 부르며 "배추."라고 말하는 시범을 보인다.
- 유아에게 교사를 모방하여 "배추."라고 말해 보라고 한다.
- 말하지 못하면 '오이'를 지도한 것과 같은 방법으로 지도한다.
- 수행되면 다른 채소들도 같은 방법으로 지도한다.
- 수행되면 교사가 각 채소를 가리킬 때 유아 스스로 각 채소 이름을 말해 보라고 한다.
- 수행되면 여러 가지 채소의 위치를 다양하게 바꾸어 놓고 교사가 각 채소를 가리킬 때 유아 스스로 각 채소 이름을 말해 보라고 한다.
- 수행되면 유아의 특성에 맞는 적절한 강화제를 제공한다.

☞ 가능하면 실물로 지도하도록 한다.

☞ 수행되면 확인을 위해 그림을 제시한 후 예를 들어 '오이' 그림에 동그라미를 그리게 하거나 스티커 붙이기, 또는 도장을 찍으면서 '오이'를 말할 수 있도록 지도하는 방법도 있다. 특히 시판되고 있는 도장은 동물 모양이나 과일, 수 등 다양한 그림들이 새겨져 있어 유아들이 흥미 있게 과제를 수행하는 데 도움이 될 수 있다.

☞ 각 채소의 사진 및 그림을 오려서 코팅하거나 다음 사진을 복사하여 코팅한 후 교구로 제작하여 사용하면 편리하다. 각 채소의 사진이나 그림 뒷면에는 까슬이를 붙이고, 하드보드지에는 보슬이를 붙이면 된다. 쉽게 붙였다 뗐다 할 수 있으므로 위치를 다양하게 바꾸어 지도할 수 있어 활용도가 높다. 하드보드지와 코팅지는 문구점에서 구입할 수 있다.

125 최상급 말하기

6~7세

목표 | 최상급을 말할 수 있다.

자료 | 크기, 높이, 길이가 다른 세 개의 다양한 물건 및 그림, 강화제

방법 ①

- 크기, 높이, 길이의 순서대로 말하기는 앞 단계에서 수행하였으므로 확인한 후 시행한다.
- 교사가 예를 들어 크기가 다른 세 개의 상자, 높이가 다른 세 개의 우유 팩, 길이가 다른 세 개의 연필을 유아 앞에 제시한 후 각 물건 중 최상급을 말하는 시범을 보인다.
- 유아에게 교사를 모방하여 크기, 길이, 높이가 다른 세 가지 물건 중 각 물건의 최상급을 말해 보라고 한다.
- 수행되면 유아 스스로 크기, 길이, 높이가 다른 세 가지 물건 중 각 물건의 최상급을 말해 보라고 한다.
- 수행되면 크기, 길이, 높이가 다른 다양한 물건들을 제시한 후 교사가 각 물건 중 최상급을 말해 보라고 할 때 유아 스스로 말할 수 있는지 확인한다.
- 수행되면 유아의 특성에 맞는 적절한 강화제를 제공한다.

방법 ②

- 크기, 높이, 길이의 순서대로 말하기는 앞 단계에서 수행하였으므로 확인한 후 시행한다.
- 교사가 가장(제일) 큰 상자, 가장 높은 우유 팩, 가장 긴 연필을 가리키며 "가장(제일) 크다." "가장 높다." "가장 길다."라고 말하는 시범을 보인다.
- 유아에게 교사를 모방하여 가장(제일) 큰 상자, 가장 높은 우유 팩, 가장 긴 연필을

각각 가리키며 "가장 크다." "가장 높다." "가장 길다."라고 말해 보라고 한다.

- 말하지 못하면 교사가 가장 큰 상자, 가장 높은 우유 팩, 가장 긴 연필을 각각 가리키며 "가장 크다." "가장 높다." "가장 길다."라고 반복하여 말해 준 후 유아에게 "가장 크다." "가장 높다." "가장 길다."라고 말해 보라고 한다.
- 도움을 점차 줄여 간다.
- 수행되면 유아 스스로 가장 큰 상자, 가장 높은 우유 팩, 길이가 가장 긴 연필을 각각 가리키며 "가장 크다." "가장 높다." "가장 길다."라고 말해 보라고 한다.
- 수행되면 교사가 각 물건의 위치를 바꾸어 놓은 후 유아에게 "가장 크다." "가장 높다." "가장 길다."라고 말해 보라고 한다.
- 수행되면 크기, 길이, 높이가 다른 다양한 물건들을 제시한 후 교사가 각 물건 중 최상급을 말해 보라고 할 때 유아 스스로 말할 수 있는지 확인한다.
- 수행되면 유아의 특성에 맞는 적절한 강화제를 제공한다.

☞ 처음 지도 시에는 세 종류 물건 중 최상급의 물건 색을, 예를 들어 제일 큰 상자는 빨간색, 제일 높은 우유 팩은 우유 팩 그대로, 제일 긴 연필은 파란색을 제시하여 지도하면 유아가 좀 더 쉽게 습득할 수 있다. 단, 색이 단서가 되어 수행할 수 있으므로 수행이 되면 반드시 최상급의 물건을 같은 색으로 확인하거나 다른 종류의 물건을 제시하여 확인하도록 한다.

6~7세

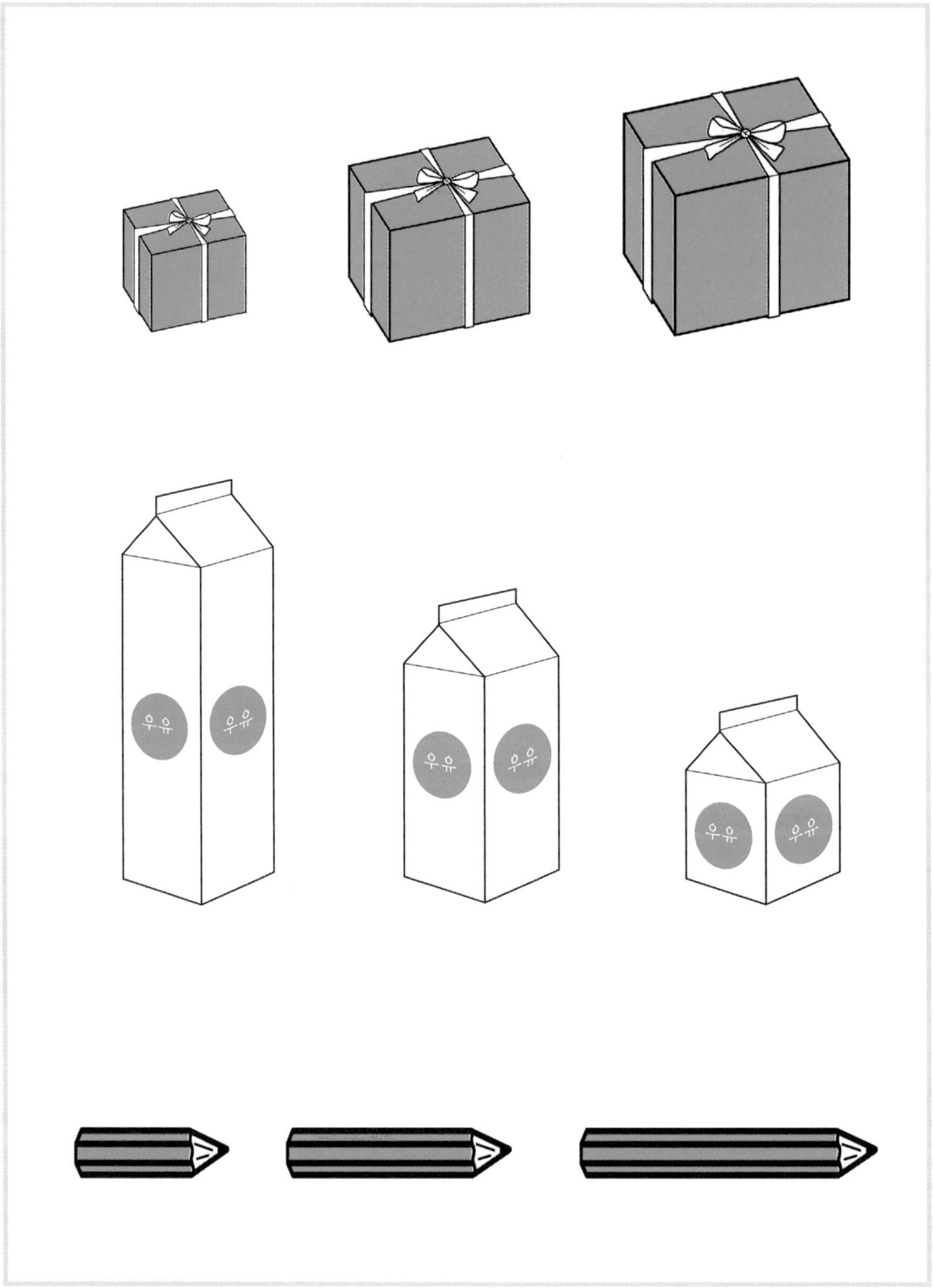
우유
우유
우유
우유
우유
우유

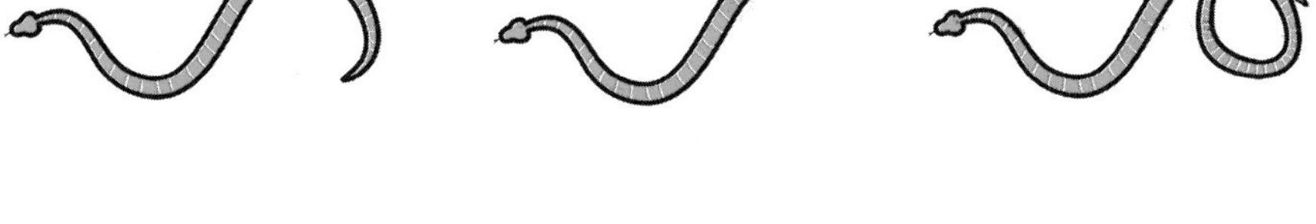

6～7
세

126 각 직업 말하기 6~7세

목표 | 각 직업을 말할 수 있다.

자료 | 각 직업 및 직업과 관련된 기구 및 도구 그림, 강화제

방법 ❶

- 교사가 각 직업(예: 의사, 소방관, 우체부) 및 직업과 관련된 기구 및 도구(예: 청진기, 소화기, 편지 등) 그림을 제시한 후 각 직업을 말하는 시범을 보인다.
- 유아에게 교사를 모방하여 각 직업을 말해 보라고 한다.
- 수행되면 유아 스스로 각 직업을 말해 보라고 한다.
- 수행되면 유아의 특성에 맞는 적절한 강화제를 제공한다.

방법 ❷

- 교사가 예를 들어 청진기, 주사기 등을 제시한 후 "아픈 사람을 치료하는 사람은 누구예요?"라고 물어본 후 "의사."라고 말하는 시범을 보인다.
- 교사가 "아픈 사람을 치료하는 사람은 누구예요?"라고 물어볼 때 유아에게 교사를 모방하여 "의사."라고 말해 보라고 한다.
- 말하지 못하면 교사가 "의사."라고 반복하여 말해 준 후 유아에게 교사를 모방하여 "의사."라고 말해 보라고 한다.
- 수행되면 교사가 '의사'라고 말하는 입 모양을 보여 주며 유아에게 "의사."라고 말해 보라고 한다.
- 수행되면 교사가 진찰하는 동작을 보여 주며 유아에게 "의사."라고 말해 보라고 한다.
- 도움을 점차 줄여 간다.
- 수행되면 교사가 "아픈 사람을 치료하는 사람은 누구예요?"라고 물어볼 때 유아

스스로 "의사."라고 말해 보라고 한다.

- 수행되면 교사가 예를 들어 불자동차, 소화기 등을 제시한 후 "불을 꺼 주는 사람은 누구예요?"라고 물어본 후 "소방관."이라고 말하는 시범을 보인다.
- 교사가 "불을 꺼 주는 사람은 누구예요?"라고 물어볼 때 유아에게 교사를 모방하여 "소방관."이라고 말해 보라고 한다.
- 말하지 못하면 '의사'를 지도한 것과 같은 방법으로 지도한다.
- 수행되면 다른 직업들도 같은 방법으로 지도한다.
- 수행되면 교사가 각 직업을 물어볼 때 유아 스스로 각 직업을 말해 보라고 한다.
- 수행되면 유아의 특성에 맞는 적절한 강화제를 제공한다.

☞ 수행되면 확인을 위해 그림을 제시한 후 각 직업과 관련된 도구나 기구에 동그라미를 그리게 하거나 스티커 붙이기, 또는 도장을 찍도록 하면서 각 직업을 말하도록 지도하는 방법도 있다. 특히 시판되고 있는 도장은 동물 모양이나 과일, 수 등 다양한 그림들이 새겨져 있어 유아들이 흥미 있게 과제를 수행하는 데 도움이 될 수 있다.

☞ 각 직업 및 직업과 관련된 도구의 사진 및 그림을 오려서 코팅하거나 다음 그림을 복사하여 코팅한 후 교구로 제작하여 사용하면 편리하다. 각 직업 및 직업과 관련된 도구의 그림 뒷면에는 까슬이를 붙이고, 하드보드지에는 보슬이를 붙이면 된다. 쉽게 붙였다 뗐다 할 수 있으므로 위치를 다양하게 바꾸어 지도할 수 있어 활용도가 높다. 하드보드지와 코팅지는 문구점에서 구입할 수 있다.

119
소화기
우체통

6~7
세

119
우체통

127 다양한 도형 이름 말하기

6~7세

목표 | 다양한 도형 이름을 말할 수 있다.

자료 | 도형과 관련된 실물 및 그림, 강화제

방법 ❶

- 동그라미, 네모, 세모는 앞 단계에서 수행하였으므로 확인한 후 시행하도록 한다.
- 교사가 다양한 도형(예: 오각형, 마름모, 별 도형, 하트 도형)을 제시한 후 각 도형의 이름을 말하는 시범을 보인다.
- 유아에게 교사를 모방하여 각 도형의 이름을 말해 보라고 한다.
- 수행되면 유아 스스로 각 도형의 이름을 말해 보라고 한다.
- 수행되면 유아의 특성에 맞는 적절한 강화제를 제공한다.

방법 ❷

- 동그라미, 네모, 세모는 앞 단계에서 수행하였으므로 확인한 후 시행하도록 한다.
- 교사가 다양한 도형(예: 오각형, 마름모, 별 도형, 하트 도형)을 제시한 후 각 도형의 이름을 말하는 시범을 보인다.
- 유아에게 교사를 모방하여 각 도형의 이름을 말해 보라고 한다.
- 모방하지 못하면 교사가 예를 들어 '오각형'을 제시한 후 "오각형이라고 ♬ 말~해 봐요 ♬ 말~해 봐요 ♬"라고 노래를 부르며 "오각형."이라고 말하는 시범을 보인다.
- 유아에게 교사를 모방하여 "오각형."이라고 말해 보라고 한다.
- 말하지 못하면 교사가 "오각형."이라고 반복하여 말해 준 후 유아에게 "오각형."이라고 말해 보라고 한다.
- 수행되면 교사가 "오."라고 첫소리를 말해 준 후 유아에게 "오각형."이라고 말해 보라고 한다.

- 수행되면 교사가 '오각형'이라고 말하는 입 모양을 보여 주며 유아에게 "오각형." 이라고 말해 보라고 한다.
- 도움을 점차 줄여 간다.
- 수행되면 유아 스스로 "오각형."이라고 말해 보라고 한다.
- 수행되면 교사가 예를 들어 '마름모'를 제시한 후 "마름모라고 ♬ 말~해 봐요 ♬ 말~해 봐요 ♬"라고 노래를 부르며 "마름모."라고 말하는 시범을 보인다.
- 유아에게 교사를 모방하여 "마름모."라고 말해 보라고 한다.
- 말하지 못하면 '오각형'을 지도한 것과 같은 방법으로 지도한다.
- 수행되면 다른 도형들도 같은 방법으로 지도한다.
- 수행되면 유아 스스로 각 도형의 이름을 말해 보라고 한다.
- 수행되면 유아의 특성에 맞는 적절한 강화제를 제공한다.

☞ 다음 그림처럼 시판되고 있는 도형 퍼즐을 활용하여 지도해도 된다.

☞ 각 도형에 색칠하기 놀이를 하면서 자연스럽게 도형의 이름을 습득할 수 있도록 지도하거나 각 도형에 스티커를 붙이는 놀이를 해도 된다.

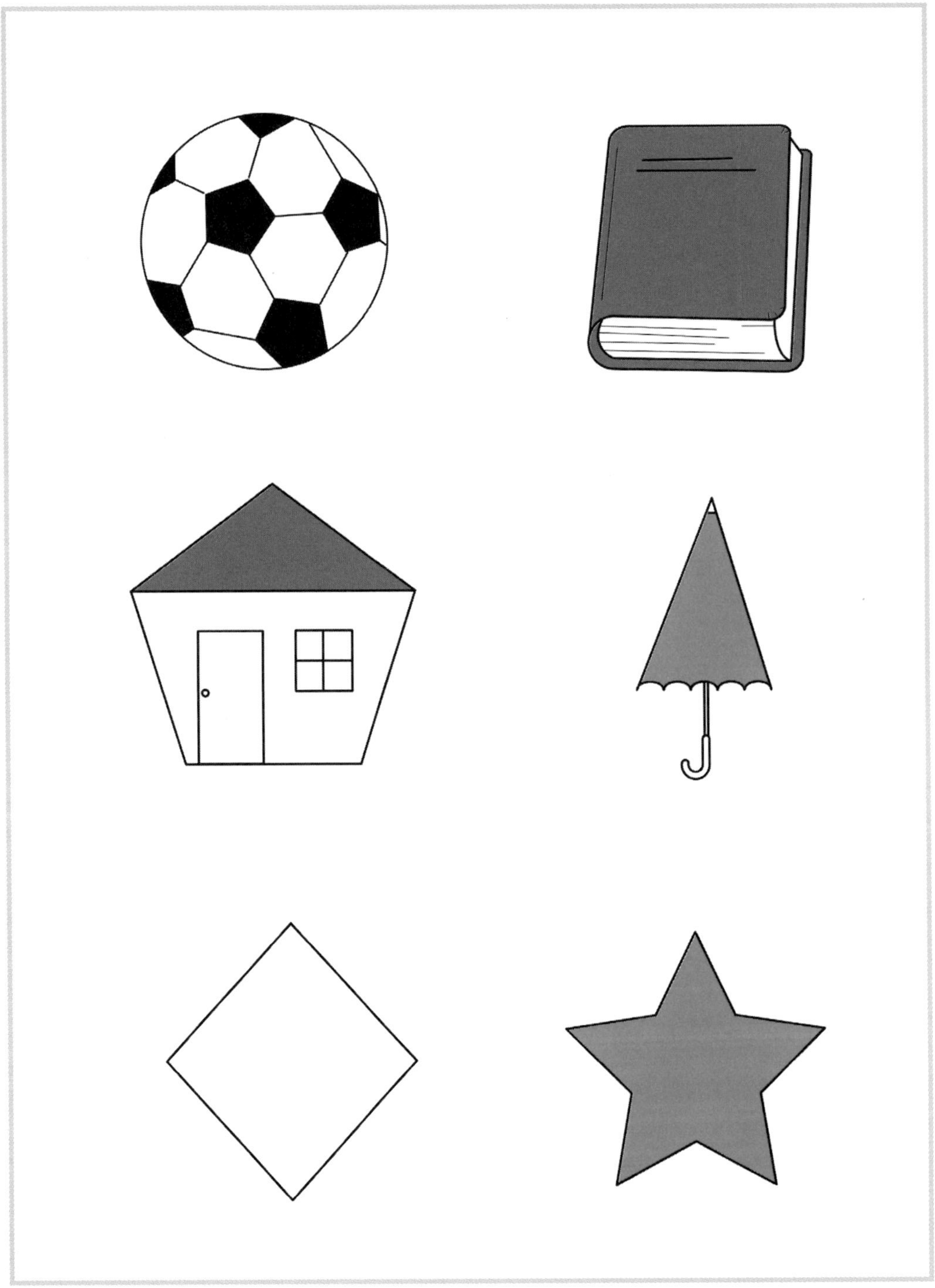

6~7
세

128 단수형과 복수형 말하기

6~7세

목표 | 단수형과 복수형을 말할 수 있다.

자료 | 컵, 연필, 사탕, 공 등의 실물과 그림, 강화제

방법 ❶

- 복수형으로 말하기는 앞 단계에서 수행하였으므로 확인한 후 시행한다.
- 교사가 예를 들어 유아에게 사탕 한 개를 주면서 "사탕."이라고 말하고, 여러 개의 사탕을 주면서 "사탕들."이라고 말하는 시범을 보인다.
- 유아에게 교사를 모방하여 교사에게 사탕 한 개를 주면서 "사탕."이라고 말하고, 여러 개의 사탕을 주면서 "사탕들."이라고 말해 보라고 한다.
- 수행되면 유아 스스로 교사에게 사탕 한 개를 주면서 "사탕."이라고 말하고, 여러 개의 사탕을 주면서 "사탕들."이라고 말해 보라고 한다.
- 수행되면 다른 물건들도 같은 방법으로 지도한 후 유아가 단수형이나 복수형으로 말해 보라고 한다.
- 수행되면 유아의 특성에 맞는 적절한 강화제를 제공한다.

방법 ❷

- 복수형으로 말하기는 앞 단계에서 수행하였으므로 확인한 후 시행한다.
- 교사가 예를 들어 유아에게 귤 한 개를 주면서 "귤."이라고 말하고, 여러 개의 귤을 주면서 "귤들."이라고 말하는 시범을 보인다.
- 유아에게 교사를 모방하여 교사에게 귤 한 개를 주면서 "귤."이라고 말하고, 여러 개의 귤을 주면서 "귤들."이라고 말해 보라고 한다.
- 말하지 못하면 교사가 귤 한 개를 주면서 "귤."이라고 말하고, 여러 개의 귤을 주면서 "귤들."이라고 반복하여 말해 준 후 유아에게 모방하게 한다.

- 도움을 점차 줄여 간다.
- 수행되면 유아 스스로 교사에게 귤 한 개를 주면서 "귤."이라고 말하고, 여러 개의 귤을 주면서 "귤들."이라고 말해 보라고 한다.
- 수행되면 교사가 예를 들어 유아에게 사탕 한 개를 주면서 "사탕."이라고 말하고, 여러 개의 사탕을 주면서 "사탕들."이라고 말하는 시범을 보인다.
- 유아에게 교사를 모방하여 교사에게 사탕 한 개를 주면서 "사탕."이라고 말하고, 여러 개의 사탕을 주면서 "사탕들."이라고 말해 보라고 한다.
- 말하지 못하면 '귤'을 지도한 것과 같은 방법으로 지도한다.
- 수행되면 다른 물건들도 같은 방법으로 지도한 후 유아에게 단수형이나 복수형으로 말해 보라고 한다.
- 수행되면 유아의 특성에 맞는 적절한 강화제를 제공한다.

☞ 단수형과 복수형 지도 시 처음에는 단수형과 복수형의 개수를 차이가 많이 나는 것(예: 사탕 하나와 사탕 다섯 개)으로 지도하다가 점차 개수를 줄여(예: 사탕 하나와 사탕 두 개)가며 지도하도록 한다.

☞ 수행되면 확인을 위해 그림을 제시한 후 교사가 예를 들어 '단수형'이나 '복수형' 그림에 동그라미를 그리게 하거나 스티커 붙이기, 또는 도장을 찍도록 하면서 '단수형'과 '복수형'을 말하도록 지도하는 방법도 있다. 특히 시판되고 있는 도장은 동물 모양이나 과일, 수 등 다양한 그림들이 새겨져 있어 유아들이 흥미 있게 과제를 수행하는 데 도움이 될 수 있다.

120

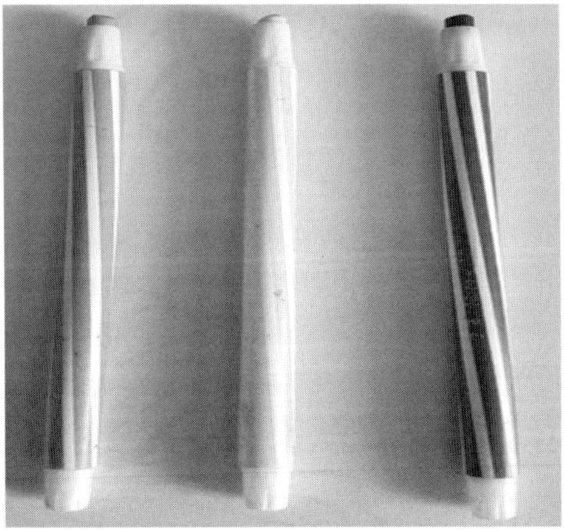

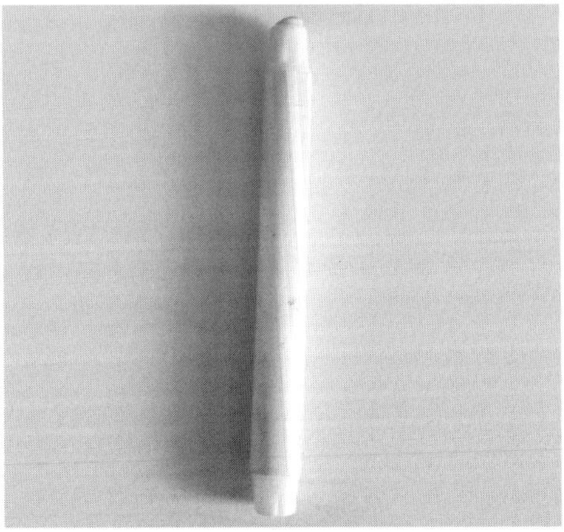

gonna find out
naughty or nice!
gonna find out
naughty or nice!

gonna find out
naughty or nice!

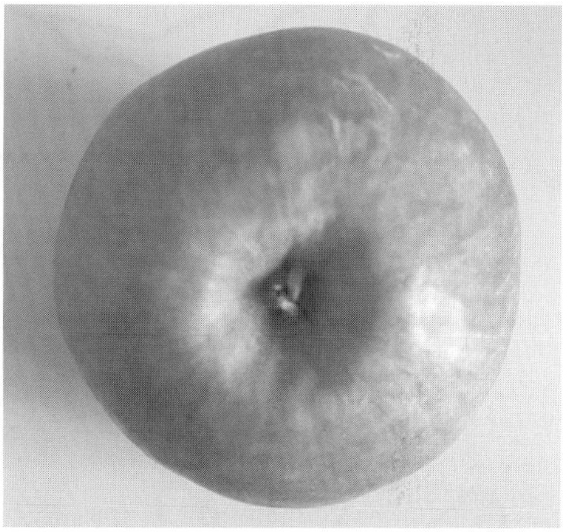

Wilson
avp

6~7
세

129 가게에서 파는 물건 말하기

6~7세

목표 | 각 가게에서 파는 물건을 말할 수 있다.

자료 | 각 가게 그림, 가게에서 파는 물건의 그림자료, 바구니, 풀, 가위, 강화제

방법 ❶

- 교사가 각 가게(예: 슈퍼마켓, 과일 가게, 문방구 등)에서 파는 물건(예: 우유, 과자, 사과, 바나나, 가위, 연필 등)을 설명해 준 후 각 가게에서 파는 물건을 말하는 시범을 보인다.
- 유아에게 교사를 모방하여 각 가게에서 파는 물건을 말해 보라고 한다.
- 수행되면 유아 스스로 각 가게에서 파는 물건을 말해 보라고 한다.
- 수행되면 교사가 각 가게에서 파는 물건의 위치를 다양하게 바꾸어 제시한 후 유아에게 각 가게에서 파는 물건을 말해 보라고 한다.
- 수행되면 유아의 특성에 맞는 적절한 강화제를 제공한다.

방법 ❷

- 교사가 예를 들어 슈퍼마켓에서 파는 물건을 보여 주며 슈퍼마켓에서 파는 물건은 "우유, 과자, 콜라."라고 말하는 시범을 보인다.
- 교사가 슈퍼마켓에서 파는 물건을 물어볼 때 유아에게 교사를 모방하여 "우유, 과자, 콜라."라고 말해 보라고 한다.
- 말하지 못하면 교사가 슈퍼마켓에서 파는 물건을 보여 주며 "우유, 과자, 콜라."를 반복하여 말해 준 후 유아에게 "우유, 과자, 콜라."라고 말해 보라고 한다.
- 수행되면 교사가 "우유, 과자."를 말해 준 후 유아에게 "콜라."라고 말해 보라고 한다.
- 수행되면 교사가 "우유."라고 말해 준 후 유아에게 "과자, 콜라."라고 말해 보라고 한다.
- 수행되면 교사가 '우' 라고 첫소리를 말해 준 후 유아에게 "우유, 과자, 콜라."라고

말해 보라고 한다.

- 도움을 점차 줄여 간다.
- 수행되면 교사가 슈퍼마켓에서 파는 물건을 물어볼 때 유아 스스로 "우유, 과자, 콜라."라고 말해 보라고 한다.
- 수행되면 교사가 예를 들어 과일가게 그림을 제시한다.
- 교사가 과일 가게에서 파는 물건을 보여 주며 예를 들어 과일 가게에서 파는 것은 "사과, 바나나, 포도, 수박."이라고 말해 준다.
- 교사가 과일 가게에서 파는 물건을 물어볼 때 유아에게 교사를 모방하여 "사과, 바나나, 포도, 수박."이라고 말해 보라고 한다.
- 말하지 못하면 슈퍼마켓에서 파는 물건을 지도한 것과 같은 방법으로 지도한다.
- 수행되면 다른 가게에서 파는 물건들도 슈퍼마켓에서 파는 물건을 지도한 것과 같은 방법으로 지도한다.
- 수행되면 유아 스스로 각 가게에서 파는 물건을 말해 보라고 한다.
- 수행되면 교사가 각 가게에서 파는 물건의 위치를 다양하게 바꾸어 제시한 후 유아에게 각 가게에서 파는 물건을 말해 보라고 한다.
- 수행되면 유아의 특성에 맞는 적절한 강화제를 제공한다.

☞ 각 가게와 가게에서 파는 물건들의 사진이나 그림을 오려서 코팅하거나 다음 그림을 복사하여 코팅한 후 교구로 제작하여 사용하면 편리하다. 각 가게와 가게에서 파는 물건들의 사진이나 그림 뒷면에는 까슬이를 붙이고, 하드보드지에는 보슬이를 붙이면 된다. 쉽게 붙였다 뗐다 할 수 있으므로 위치를 다양하게 바꾸어 지도할 수 있어 활용도가 높다. 하드보드지와 코팅지는 문구점에서 구입할 수 있다.

슈퍼
쿠키
우유
비누
콜라
과일가게
문방구
크레파스
크레파스
스케치북
색종이
공책

6~7
세

완 구 점
서 점
곰이야기
동화
동화책
신 발 가 게

6~7
세

130 몇 번째인지 말하기

6~7세

목표 | 몇 번째인지 말할 수 있다.

자료 | 다양한 물건 열 개, 그림자료, 강화제

방법 ❶

- 교사가 다양한 물건 열 개를 제시한 후 "첫 번째, 두 번째, ~ 열 번째."라고 센 후 유아에게도 각 물건을 세어 보게 한다.
- 예를 들어 컵이 다섯 번째 놓여 있을 때 교사가 유아에게 컵이 몇 번째 있는지를 물어본다.
- 대답하지 못하면 교사가 "다섯 번째라고 ♬ 말~해 봐요 ♬ 말~해 봐요 ♬"라고 노래를 부르며 "다섯 번째."라고 대답하는 시범을 보인다.
- 교사가 컵이 몇 번째 있는지를 물어볼 때 유아에게 교사를 모방하여 "다섯 번째." 라고 말해 보라고 한다.
- 수행되면 교사가 컵이 몇 번째 있는지를 물어볼 때 유아 스스로 "다섯 번째."라고 말해 보라고 한다.
- 수행되면 교사가 각 물건의 위치를 다양하게 바꾸어 제시한 후 유아에게 각 물건이 몇 번째 있는지를 물어볼 때 유아 스스로 몇 번째 있는지를 말해 보라고 한다.
- 수행되면 유아의 특성에 맞는 적절한 강화제를 제공한다.

방법 ❷

- 교사가 다양한 물건 열 개를 제시한 후 "첫 번째, 두 번째, ~열 번째."라고 센 후 유아에게도 각 물건을 세어 보게 한다.
- 예를 들어 컵이 다섯 번째 놓여 있을 때 교사가 유아에게 컵이 몇 번째 있는지를 물어본다.

- 대답하지 못하면 교사가 "다섯 번째라고 ♬ 말~해 봐요 ♬ 말~해 봐요 ♬"라고 노래를 부르며 "다섯 번째."라고 대답하는 시범을 보인다.
- 교사가 컵이 몇 번째 있는지를 물어보면 유아에게 교사를 모방하여 "다섯 번째." 라고 대답해 보라고 한다.
- 대답하지 못하면 교사가 유아와 함께 "첫 번째, 두 번째, ~ 다섯 번째."라고 센 후 "다섯 번째."라고 말해 준다.
- 유아에게 교사를 모방하여 "다섯 번째."라고 대답해 보라고 한다.
- 대답하지 못하면 교사가 "다섯 번째."라고 반복하여 말해 준 후 유아에게 교사를 모방하여 "다섯 번째."라고 대답해 보라고 한다.
- 수행되면 교사가 "다섯."이라고 말해 준 후 유아에게 "다섯 번째."라고 대답해 보라고 한다.
- 수행되면 교사가 "다."라고 첫소리를 말해 준 후 유아에게 "다섯 번째."라고 대답해 보라고 한다.
- 도움을 점차 줄여 간다.
- 수행되면 교사가 컵이 몇 번째 있는지를 물어볼 때 유아 스스로 "다섯 번째."라고 대답해 보라고 한다.
- 수행되면 교사가 예를 들어 휴지가 세 번째 있었다고 할 경우 교사가 휴지가 몇 번째 있는지를 물어본다.
- 대답하지 못하면 '컵'이 몇 번째 있는지를 지도한 것과 같은 방법으로 지도한다.
- 수행되면 교사가 다양한 물건을 제시한 후 유아에게 각 물건이 몇 번째 있는지를 물어볼 때 유아 스스로 몇 번째 있는지를 말해 보라고 한다.
- 수행되면 유아의 특성에 맞는 적절한 강화제를 제공한다.

☞ 수행되면 그림을 제시한 후 교사가 지시하는 몇 번째 그림에 동그라미를 그리게 하거나 스티커 붙이기, 또는 도장을 찍도록 하면서 '몇 번째'를 말하도록 지도하는 방법도 있다.

사자는 앞에서 ________ 번째

토끼는 앞에서 ________ 번째

곰은 앞에서 ________ 번째

돼지는 앞에서 ________ 번째

6~7
세

131 전화번호 말하기

6~7세

목표 | 유아의 엄마(아빠) 전화번호를 말할 수 있다.

자료 | 숫자카드 두 쌍, 강화제

방법 ❶

- 교사가 숫자카드를 가지고 유아의 엄마(아빠) 전화번호를 순서대로 배열한 후 전화번호를 말하는 시범을 보인다.
- 유아에게 교사를 모방하여 유아의 엄마(아빠) 전화번호를 말해 보라고 한다.
- 수행되면 유아 스스로 엄마(아빠) 전화번호를 말해 보라고 한다.
- 수행되면 유아의 특성에 맞는 적절한 강화제를 제공한다.

방법 ❷

- 교사가 예를 들어 유아의 엄마(아빠) 전화번호 "010-1234-5678."을 말해 준 후 유아에게 "5678."을 말해 보라고 한다.
- 말하지 못하면 교사가 "5678."을 읽어 준 후 유아에게 "5678."을 말해 보라고 한다.
- 수행되면 교사가 "010-12."을 말해 준 후 유아에게 "345678."을 말해 보라고 한다.
- 말하지 못하면 교사가 "345678."을 읽어 준 후 유아에게 "345678."을 말해 보라고 한다.
- 수행되면 교사가 "010."을 말해 준 후 유아에게 "1234-5678."을 말해 보라고 한다.
- 말하지 못하면 교사가 "1234-5678."을 읽어 준 후 유아에게 "1234-5678."을 말해 보라고 한다.
- 수행되면 교사가 "010."을 말해 준 후 유아에게 "010-1234-5678."을 말해 보라고 한다.
- 도움을 점차 줄여 간다.
- 수행되면 유아 스스로 "010-1234-5678."을 말해 보라고 한다.

- 수행되면 유아의 특성에 맞는 적절한 강화제를 제공한다.

방법 ❸

- 교사가 예를 들어 유아의 엄마(아빠) 전화번호 '010-1234-5678'을 배열한 후 유아에게 '010-1234-5678'을 순서대로 읽어 보라고 한다.
- 수행되면 교사가 배열된 유아의 엄마(아빠) 전화번호 중 첫 번째 숫자 '0'을 빼고 '10-1234-5678'을 배열한다.
- 유아 앞에 1~10까지의 숫자카드를 제시한 후 유아에게 첫 번째 숫자를 찾아 배열된 숫자 앞에 놓고 '010-1234-5678' 순서대로 말해 보라고 한다.
- 첫 번째 숫자를 찾지 못하면 교사가 '0'을 가리켜 주며 유아에게 '0'을 첫 번째 자리에 놓고 '010-1234-5678' 순서대로 말해 보라고 한다.
- 도움을 점차 줄여 간다.
- 수행되면 유아 스스로 '0'을 찾아 첫 번째 자리에 놓고 '010-1234-5678' 순서대로 말해 보라고 한다.
- 수행되면 교사가 배열된 유아의 엄마(아빠) 전화번호 중 두 번째 숫자까지(01) 빼고 '0-1234-5678' 을 배열한다.
- 유아에게 두 번째 숫자까지 찾아 배열된 수 앞에 놓고 '010-1234-5678' 순서대로 말해 보라고 한다.
- 말하지 못하면 첫 번째 숫자를 지도한 것과 같은 방법으로 지도한다.
- 수행되면 다음 숫자도 같은 방법으로 지도한다.
- 수행되면 유아의 특성에 맞는 적절한 강화제를 제공한다.

☞ 엄마 번호를 먼저 지도하였을 경우 같은 방법으로 아빠 번호를 지도하면 된다.

☞ 방법 ❸은 유아가 1~10까지의 숫자를 알고 있을 경우 사용하면 효과적이다. 그리고 방법 ❸과 반대로 전화번호의 끝 번호부터 지도하는 방법도 있다.

132 상황이 일어난 이유 말하기 6~7세

목표 | 상황이 일어난 이유를 말할 수 있다.

자료 | 상황과 관련된 그림, 강화제

방법 ❶

- 교사가 상황과 관련된 그림(예: ○○가 다리에 피가 나서 울고 있는 그림, 화분과 거울이 깨진 그림 등)을 제시한 후 유아에게 상황이 일어난 이유를 설명해 준다.
- 교사가 상황이 일어난 이유를 물어볼 때 유아에게 교사를 모방하여 상황이 일어난 이유를 말해 보라고 한다.
- 수행되면 교사가 상황이 일어난 이유를 물어볼 때 유아 스스로 상황이 일어난 이유를 말해 보라고 한다.
- 수행되면 유아의 특성에 맞는 적절한 강화제를 제공한다.

방법 ❷

- 교사가 예를 들어 ○○가 다리에 피가 나서 울고 있는 그림을 제시한 후 "○○가 넘어져서 다리를 다쳤어요."라고 유아에게 상황이 일어난 이유를 말해 준다.
- 교사가 ○○가 울고 있는 이유를 물어보면 유아에게 교사를 모방하여 "○○가 넘어져서 다리를 다쳤어요."라고 대답해 보라고 한다.
- 대답하지 못하면 교사가 "○○가 넘어져서 다리를."이라고 말해 준 후 유아에게 "다쳤어요."라고 말해 보라고 한다.
- 수행되면 교사가 "○○가 넘어져서."라고 말해 준 후 유아에게 "다리를 다쳤어요."라고 말해 보라고 한다.
- 수행되면 교사가 "○○가."라고 말해 준 후 유아에게 "○○가 넘어져서 다리를 다쳤어요."라고 말해 보라고 한다.

• 수행되면 교사가 넘어지는 동작을 보여 주며 유아에게 "○○가 넘어져서 다리를 다쳤어요."라고 말해 보라고 한다.
• 도움을 점차 줄여 간다.
• 수행되면 교사가 ○○가 울고 있는 이유를 물어볼 때 유아 스스로 "○○가 넘어져서 다리를 다쳤어요."라고 대답해 보라고 한다.
• 수행되면 교사가 예를 들어 ○○가 웃고 있는 그림을 제시한 후 "○○가 선물을 받았어요."라고 유아에게 상황이 일어난 이유를 말해 준다.
• 교사가 ○○가 웃고 있는 이유를 물어보면 유아에게 교사를 모방하여 "○○가 선물을 받았어요."라고 대답해 보라고 한다.
• 대답하지 못하면 ○○가 '다리를 다친' 이유를 지도한 것과 같은 방법으로 지도한다.
• 수행되면 교사가 다양한 상황의 그림을 제시한 후 상황이 일어난 이유를 물어볼 때 유아 스스로 상황이 일어난 이유를 대답해 보라고 한다.
• 수행되면 유아의 특성에 맞는 적절한 강화제를 제공한다.

☞ 각 그림의 얼굴에는 유아의 사진, 형제 및 자매의 사진 또는 친구의 사진 등을 붙여서 지도해도 유아들이 흥미롭게 과제를 수행하는 데 도움이 된다.

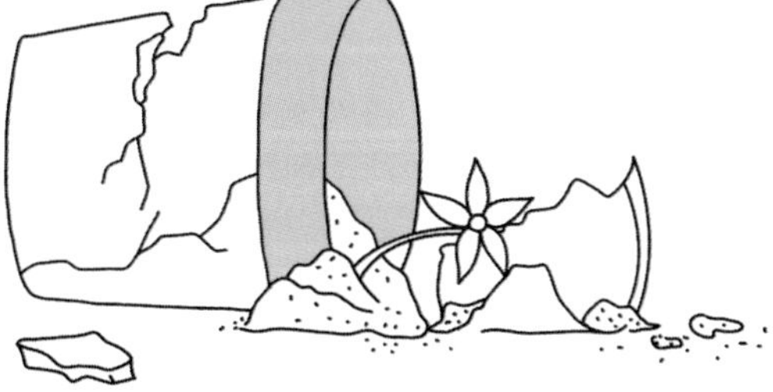

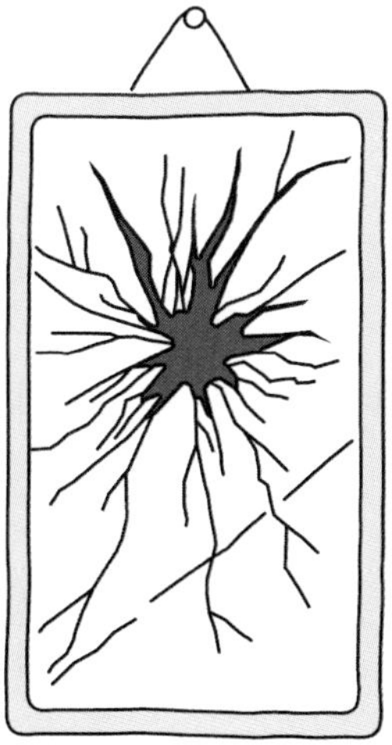

6~7
세

133 의태어 사용하기

6~7세

목표 | 의태어를 사용할 수 있다.

자료 | 의태어와 관련된 그림, 강화제

방법 ❶

- 교사가 의태어와 관련된 그림(예: 토끼, 거북이, 나비, 풍선, 별)을 제시한 후 각 의태어를 말하는(예: "토끼가 깡충 깡충." "거북이가 엉금 엉금." "나비가 훨훨." "별이 반짝 반짝.") 시범을 보인다.
- 교사가 각 그림을 보여 줄 때 유아에게 교사를 모방하여 각 의태어를 말해 보라고 한다.
- 수행되면 교사가 각 그림을 보여 줄 때 유아 스스로 각 의태어를 말해 보라고 한다.
- 수행되면 교사가 다양한 의태어 그림을 제시할 때 유아 스스로 각 의태어를 말해 보라고 한다.
- 수행되면 유아의 특성에 맞는 적절한 강화제를 제공한다.

방법 ❷

- 교사가 예를 들어 토끼 그림을 제시한 후 "토끼가 ♬ 깡~충 깡~충 ♬ 토끼가 ♬ 깡~충 깡~충 ♬" 노래를 부르며 "깡~충 깡~충."이라고 말하는 시범을 보인다.
- 유아에게 교사를 모방하여 "깡~충 깡~충."이라고 말해 보라고 한다.
- 말하지 못하면 교사가 "깡~충 깡~충."이라고 반복하여 말해 준 후 유아에게 교사를 모방하여 "깡~충 깡~충."이라고 말해 보라고 한다.
- 수행되면 교사가 "깡~충."이라고 말해 준 후 유아에게 "깡~충 깡~충."이라고 말해 보라고 한다.
- 도움을 점차 줄여 간다.
- 수행되면 교사가 토끼의 움직임을 물어볼 때 유아 스스로 "깡~충 깡~충."이라고

말해 보라고 한다.

- 수행되면 교사가 예를 들어 거북이 그림을 유아에게 제시한 후 "거북이가 ♬ 엉~금 엉~금 ♬ 거북이가 ♬ 엉~금 엉~금 ♬"노래를 부르며 "엉~금 엉~금."이라고 말하는 시범을 보인다.
- 유아에게 교사를 모방하여 "엉~금 엉~금."이라고 말해 보라고 한다.
- 말하지 못하면 '토끼'를 지도한 것과 같은 방법으로 지도한다.
- 수행되면 교사가 다양한 의태어 그림을 제시할 때 유아 스스로 각 의태어를 말해 보라고 한다.
- 수행되면 유아의 특성에 맞는 적절한 강화제를 제공한다.

☞ 각 그림에 적합한 의태어에 스티커를 붙이게 하거나 글씨를 오려서 각 그림 밑에 붙이는 놀이를 하면서 자연스럽게 의태어를 말할 수 있도록 지도해도 효과적이다. 글씨를 모르는 유아의 경우 교사가 글씨를 읽어 주고 붙이게 하면 된다.

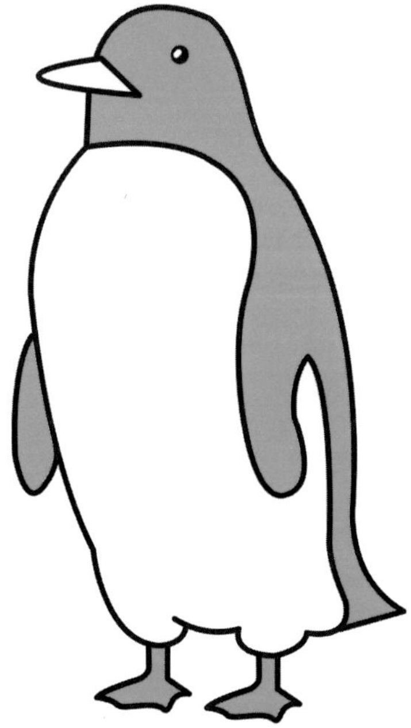

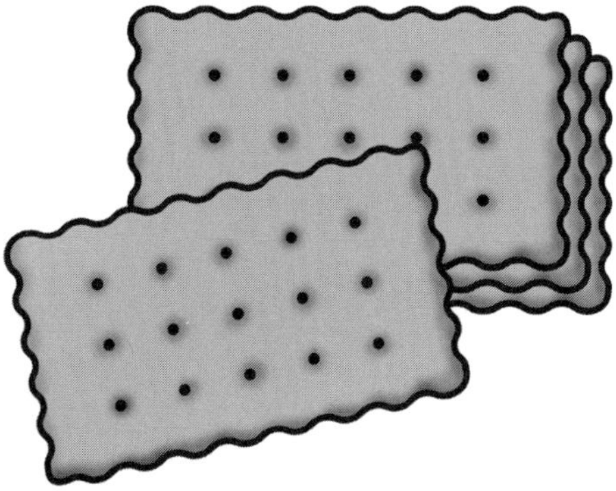

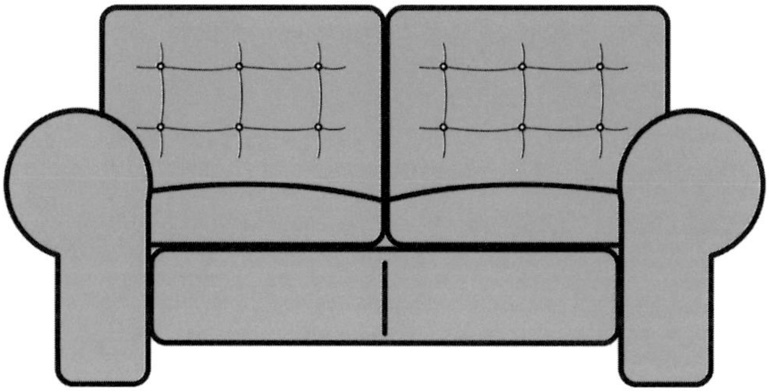

6~7
세

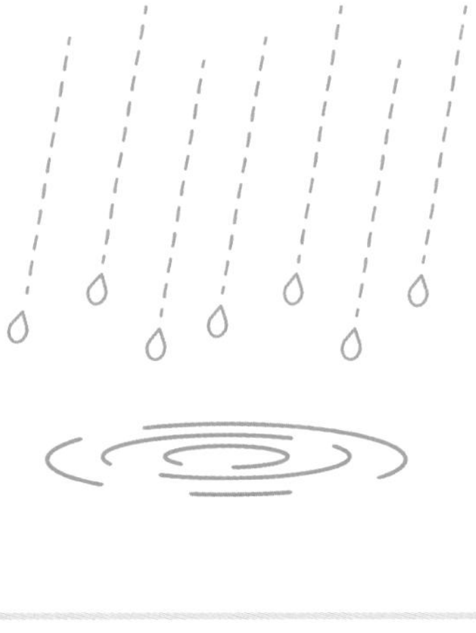

6~7
세

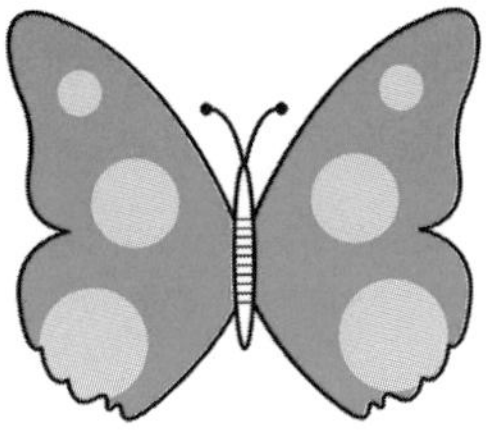
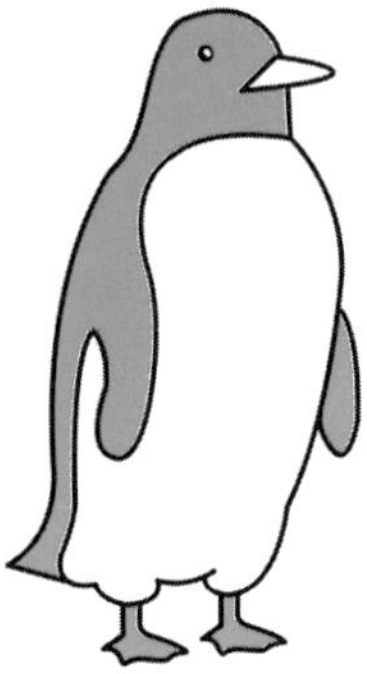

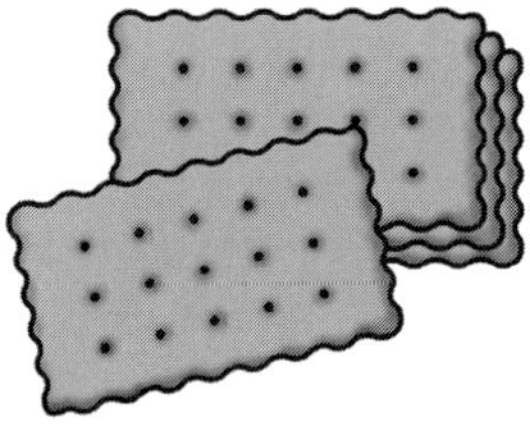
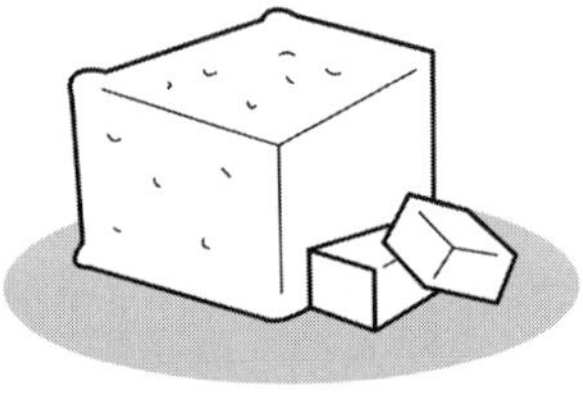
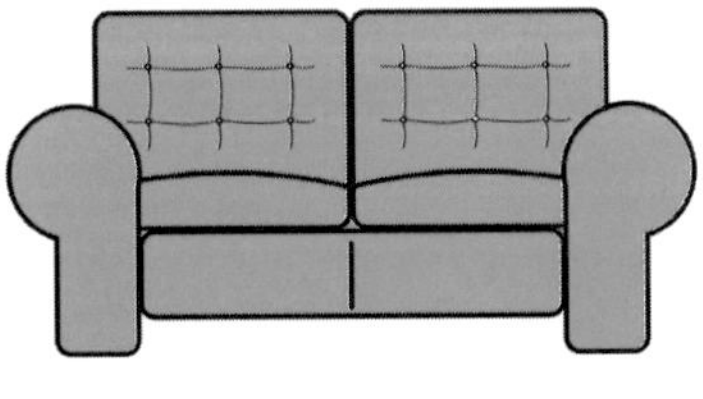

냠냠	폭신폭신	아삭아삭	엉금엉금
뒤뚱뒤뚱	훨훨	깡충깡충	물렁물렁

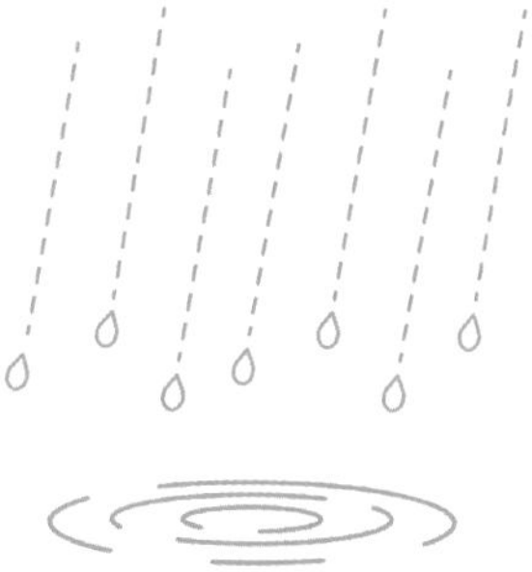

주룩주룩	방글방글	반짝반짝	주렁주렁

6~7
세

뭉게뭉게	펄럭펄럭	둥실둥실	데굴데굴

134 "두껍다."와 "얇다." 표현하기

6~7세

목표 | "두껍다."와 "얇다."를 표현할 수 있다.

목표 | "두껍다." 및 "얇다."와 관련된 여러 개의 물건과 그림, 강화제

방법 ❶

- 교사가 두껍고 얇은 여러 개의 물건이나 그림을 유아에게 제시한 후 교사가 '두꺼운 것'을 가리키며 "두껍다."라고 말하고, '얇은 것'을 가리키며 "얇다."라고 말하는 시범을 보인다.
- 유아에게 교사를 모방하여 '두꺼운 것'을 가리키며 "두껍다."라고 말하고, '얇은 것'을 가리키며 "얇다."라고 말해 보라고 한다.
- 수행되면 유아 스스로 '두꺼운 것'을 가리키며 "두껍다."라고 말하고, '얇은 것'을 가리키며 "얇다."라고 말해 보라고 한다.
- 수행되면 유아의 특성에 맞는 적절한 강화제를 제공한다.

방법 ❷

- 교사가 예를 들어 두꺼운 동화책과 얇은 색종이를 제시한 후 두꺼운 동화책을 가리키며 "두껍다."라고 말하고, 얇은 색종이를 가리키며 "얇다."라고 말하는 시범을 보인다.
- 유아에게 교사를 모방하여 두꺼운 동화책을 가리키며 "두껍다."라고 말하고, 얇은 색종이를 가리키며 "얇다."라고 말해 보라고 한다.
- 말하지 못하면 교사가 두꺼운 동화책을 가리키며 "두껍다라고 ♬ 말~해 봐요 ♬ 말~해 봐요 ♬"라고 노래를 부르며 "두껍다."라고 말하는 시범을 보인다.
- 유아에게 교사를 모방하여 "두껍다."라고 말해 보라고 한다.
- 말하지 못하면 교사가 "두껍다."라고 반복하여 말해 준 후 유아에게 "두껍다."라

고 말해 보라고 한다.

- 수행되면 교사가 "두."라고 첫소리를 말해 준 후 유아에게 "두껍다."라고 말해 보라고 한다.
- 수행되면 교사가 '두껍다'라고 말하는 입 모양을 보여 주며 유아에게 "두껍다."라고 말해 보라고 한다.
- 도움을 점차 줄여 간다.
- 수행되면 유아 스스로 두꺼운 동화책을 가리키며 "두껍다."라고 말해 보라고 한다.
- 수행되면 교사가 예를 들어 얇은 색종이를 가리키며 "얇다라고 ♬ 말~해 봐요 ♬ 말~해 봐요 ♬"라고 노래를 부르며 "얇다."라고 말하는 시범을 보인다.
- 유아에게 교사를 모방하여 "얇다."라고 말해 보라고 한다.
- 말하지 못하면 '두껍다'를 지도한 것과 같은 방법으로 지도한다.
- 수행되면 유아 스스로 얇은 색종이를 가리키며 "얇다."라고 말해 보라고 한다.
- 수행되면 교사가 두꺼운 동화책을 가리킬 때 유아 스스로 "두껍다."라고 말하고, 얇은 색종이를 가리킬 때 "얇다."라고 말해 보라고 한다.
- 수행되면 두껍거나 얇은 다른 물건이나 그림들도 같은 방법으로 지도한다.
- 수행되면 교사가 두껍거나 얇은 다른 물건이나 그림들을 가리킬 때 유아 스스로 "두껍다." 또는 "얇다."라고 말해 보라고 한다.
- 수행되면 유아의 특성에 맞는 적절한 강화제를 제공한다.

☞ 수행되면 확인을 위해 그림을 제시한 후 교사의 지시에 따라 두꺼운 물건이나 그림 혹은 얇은 물건이나 그림에 동그라미를 그리게 하거나 스티커 붙이기, 또는 도장을 찍으면서 "두껍다."와 "얇다."를 말하도록 지도하는 방법도 있다. 특히 시판되고 있는 도장은 동물 모양이나 과일, 수 등 다양한 그림들이 새겨져 있어 유아들이 흥미 있게 과제를 수행하는데 도움이 될 수 있다.

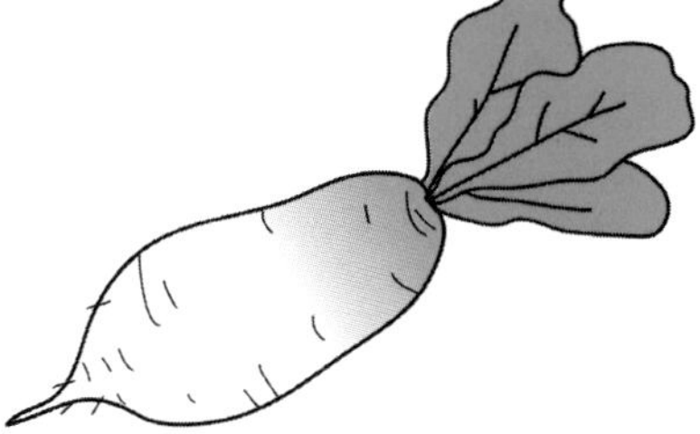

135 계절 말하기

6~7세

목표 | 각 계절을 말할 수 있다.

자료 | 사계절 그림, 바구니 혹은 상자 네 개, 강화제

방법 ❶

- 교사가 각 계절 및 계절과 관련된 그림을 제시한 후 유아에게 각 계절의 특징을 간단하게 설명한다.
- 교사가 각 계절 및 계절과 관련된 그림을 가리키며 "봄." "여름." "가을." "겨울."이라고 말하는 시범을 보인다.
- 교사가 각 계절을 물어볼 때 유아에게 교사를 모방하여 "봄." "여름." "가을." "겨울."이라고 말해 보라고 한다.
- 수행되면 교사가 각 계절을 물어볼 때 유아 스스로 "봄." "여름." "가을." "겨울."이라고 말해 보라고 한다.
- 수행되면 유아의 특성에 맞는 적절한 강화제를 제공한다.

방법 ❷

- 교사가 각 계절 및 계절과 관련된 그림을 제시한 후 유아에게 각 계절의 특징을 간단하게 설명한다.
- 교사가 예를 들어 여름과 관련된 그림(예: 바다에서 수영하는 그림, 선풍기 등)을 보여 주며 "여름이라고 ♬ 말해 봐~요 ♬ 말해 봐~요 ♬"라고 노래를 부르며 "여름."이라고 말하는 시범을 보인다.
- 유아에게 교사를 모방하여 "여름."이라고 말해 보라고 한다.
- 말하지 못하면 교사가 "여름."이라고 반복하여 말해 준 후 유아에게 "여름."이라고 말해 보라고 한다.

- 수행되면 교사가 "여."라고 첫소리를 말해 준 후 유아에게 "여름."이라고 말해 보라고 한다.
- 수행되면 교사가 여름과 관련된 동작(예: 더워하는 모습 등)을 보여 주며 유아에게 "여름."이라고 말해 보라고 한다.
- 도움을 점차 줄여 간다.
- 수행되면 교사가 여름과 관련된 그림을 보여 줄 때 유아 스스로 "여름."이라고 말해 보라고 한다.
- 수행되면 교사가 예를 들어 겨울과 관련된 그림(예: 썰매 타는 그림, 눈 오는 그림 등)을 보여 주며 "겨울이라고 ♬ 말해 봐~요 ♬ 말해 봐~요 ♬"라고 노래를 부르며 "겨울."이라고 말하는 시범을 보인다.
- 유아에게 교사를 모방하여 "겨울."이라고 말해 보라고 한다.
- 말하지 못하면 '여름'을 지도한 것과 같은 방법으로 지도한다.
- 수행되면 교사가 여름 및 겨울과 관련된 그림을 보여 줄 때 유아 스스로 "여름." 또는 "겨울."이라고 말해 보라고 한다.
- 수행되면 다른 계절도 같은 방법으로 지도한다.
- 수행되면 계절과 관련된 다양한 그림들을 보여 주고 교사가 각 계절을 물어볼 때 유아 스스로 "봄." "여름." "가을." "겨울."이라고 말해 보라고 한다.
- 수행되면 유아의 특성에 맞는 적절한 강화제를 제공한다.

방법 ❸

- 교사가 각 계절 및 계절과 관련된 그림을 제시한 후 유아에게 각 계절의 특징을 간단하게 설명한다.
- 교사가 예를 들어 여름을 나타내는 바다에서 수영하는 그림을 제시한 후 여름과 관련된 그림(예: 수박, 선풍기, 튜브 등)을 붙이면서 "여름."이라고 말하는 시범을 보인다.
- 유아에게 교사를 모방하여 바다에서 수영하는 그림 옆에 여름과 관련된 그림을 붙이면서 "여름."이라고 말해 보라고 한다.

- 말하지 못하면 교사가 유아의 손을 잡고 바다에서 수영하는 그림 옆에 여름과 관련된 그림을 붙이면서 유아에게 "여름."이라고 말해 보라고 한다.
- 말하지 못하면 교사가 "여름."이라고 반복하여 말해 준 후 유아에게 바다에서 수영하는 그림 옆에 여름과 관련된 그림을 붙이면서 "여름."이라고 말해 보라고 한다.
- 수행되면 교사가 "여."라고 첫소리를 말해 준 후 유아에게 바다에서 수영하는 그림 옆에 여름과 관련된 그림을 붙이면서 "여름."이라고 말해 보라고 한다.
- 수행되면 교사가 '여름'이라고 말하는 입 모양을 보여 주며 유아에게 바다에서 수영하는 그림 옆에 여름과 관련된 그림을 붙이면서 "여름."이라고 말해 보라고 한다.
- 도움을 점차 줄여 간다.
- 수행되면 유아 스스로 바다에서 수영하는 그림 옆에 여름과 관련된 그림을 붙이면서 "여름."이라고 말해 보라고 한다.
- 수행되면 교사가 예를 들어 가을을 나타내는 밤 따는 그림을 제시한 후 가을과 관련된 그림(예: 허수아비, 밤 그림, 코스모스 등)을 붙이면서 "가을."이라고 말하는 시범을 보인다.
- 유아에게 교사를 모방하여 밤 따는 그림 옆에 가을과 관련된 그림을 붙이면서 "가을."이라고 말해 보라고 한다.
- 말하지 못하면 '여름'을 지도한 것과 같은 방법으로 지도한다.
- 수행되면 교사가 여름 및 가을과 관련된 그림을 제시한 후 유아 스스로 각 계절과 관련된 그림을 붙이면서 "여름." 또는 "가을."이라고 말해 보라고 한다.
- 수행되면 다른 계절도 같은 방법으로 지도한다.
- 수행되면 계절과 관련된 다양한 그림들을 제시한 후 교사가 각 계절을 물어볼 때 유아 스스로 각 계절과 관련된 그림을 붙이면서 "봄." "여름." "가을." "겨울."이라고 말해 보라고 한다.
- 수행되면 유아의 특성에 맞는 적절한 강화제를 제공한다.

방법 ❹

- 교사가 각 계절 및 계절과 관련된 그림을 제시한 후 유아에게 각 계절의 특징을 간단하게 설명한다.
- 교사가 예를 들어 네 개의 상자(바구니)에 각 계절의 특징(예: 여름 상자 앞에는 바다에서 수영하는 그림, 겨울 상자 앞에는 눈 오는 그림, 가을 상자 앞에는 밤 따는 그림, 봄 상자 앞에는 꽃들이 피어 있고 나비가 날아다니는 그림)을 나타내는 그림을 붙여 놓는다.
- 교사가 네 개의 상자에 각 계절과 관련된 그림을 넣으면서 각 계절을 말하는 시범을 보인다.
- 유아에게 교사를 모방하여 네 개의 상자에 각 계절과 관련된 그림을 넣으면서 각 계절을 말해 보라고 한다.
- 말하지 못하면 교사가 예를 들어 바다에서 수영하는 그림이 붙여져 있는 상자에 여름과 관련된 그림을 넣으면서 "여름."이라고 말하는 시범을 보인다.
- 유아에게 교사를 모방하여 바다에서 수영하는 그림이 붙여져 있는 상자에 여름과 관련된 그림을 넣으면서 "여름."이라고 말해 보라고 한다.
- 말하지 못하면 교사가 유아의 손을 잡고 바다에서 수영하는 그림이 붙여져 있는 상자에 여름과 관련된 그림을 넣으면서 "여름."이라고 반복하여 말해 준 후 유아에게 "여름."이라고 말해 보라고 한다.
- 수행되면 교사가 "여."라고 첫소리를 말해 준 후 유아에게 바다에서 수영하는 그림이 붙여져 있는 상자에 여름과 관련된 그림을 넣으면서 "여름."이라고 말해 보라고 한다.
- 도움을 점차 줄여 간다.
- 수행되면 유아 스스로 바다에서 수영하는 그림이 붙여져 있는 상자에 여름과 관련된 그림을 넣으면서 "여름."이라고 말해 보라고 한다.
- 수행되면 다른 계절들도 같은 방법으로 지도한다.
- 수행되면 계절과 관련된 다양한 그림들을 보여 주고 교사가 각 계절을 물어볼 때 유아 스스로 "봄." "여름." "가을." "겨울."이라고 말해 보라고 한다.

• 수행되면 유아의 특성에 맞는 적절한 강화제를 제공한다.

☞ 각 계절을 지도할 경우 계절의 차이가 확연하게 나는 '여름'과 '겨울'을 먼저 지도한 후 나머지 계절을 지도하는 것이 효율적이다.

☞ 각 계절 및 계절과 관련된 사진 및 그림을 오려서 코팅하거나 다음 그림을 복사하여 코팅한 후 교구로 제작하여 사용하면 편리하다. 각 계절 및 계절과 관련된 사진이나 그림의 뒷면에는 까슬이를 붙이고, 하드보드지에는 보슬이를 붙이면 된다. 쉽게 붙였다 뗐다 할 수 있으므로 위치를 다양하게 바꾸어 지도(예: 계절을 제시한 후 계절 밑에 계절과 관련된 그림 붙이기 등) 할 수 있어 활용도가 높다. 하드보드지와 코팅지는 문구점에서 구입할 수 있다.

136 반대말 말하기 II

6~7세

목표 | 반대말을 말할 수 있다.

자료 | 반대말을 지도할 수 있는 사물 및 그림, 강화제

방법 ❶

- 크다－작다, 길다－짧다, 많다－적다, 높다－낮다, 무겁다－가볍다, 앞－뒤, 위－아래는 앞 단계에서 수행하였으므로 확인한 후 시행한다.
- 교사가 여러 가지 반대말(예: 빠르다－느리다, 넓다－좁다, 덥다－춥다)을 지도할 수 있는 사물이나 그림을 제시한 후 반대말을 설명해 준다.
- 교사가 여러 가지 반대말을 말하는 시범을 보인다.
- 유아에게 교사를 모방하여 반대말을 말해 보라고 한다.
- 수행되면 유아 스스로 여러 가지 반대말을 말해 보라고 한다.
- 수행되면 유아의 특성에 맞는 적절한 강화제를 제공한다.

방법 ❷

- 크다－작다, 길다－짧다, 많다－적다, 높다－낮다, 무겁다－가볍다, 앞－뒤, 위－아래는 앞 단계에서 수행하였으므로 확인한 후 시행한다.
- 교사가 예를 들어 크고 토끼와 거북이의 그림을 제시한 후 '빠르다'와 '느리다'가 반대말이라는 것을 설명해 준다.
- 교사가 토끼를 가리키며 "빠르다."라고 말한 후, 거북이를 가리키며 "느리다."라고 말하는 시범을 보인다.
- 유아에게 교사를 모방하여 토끼를 가리키며 "빠르다."라고 말하고, 거북이를 가리키며 "느리다."라고 말해 보라고 한다.
- 말하지 못하면 교사가 토끼를 가리키며 "빠르다."라고 반복하여 말해 준 후 유아

에게 "빠르다."라고 말해 보라고 하고, 교사가 거북이를 가리키며 "느리다."를 말해 준다.

- 수행되면 교사가 토끼를 가리키며 "빠."라고 첫소리를 말해 준 후 유아에게 "빠르다."라고 말해 보라고 하고, 교사가 거북이를 가리키며 "느리다."를 말해 준다.
- 수행되면 교사가 토끼를 가리키며 '빠르다'는 몸동작을 보여 주면서 유아에게 "빠르다."라고 말해 보라고 하고, 교사가 거북이를 가리키며 "느리다."를 말해 준다.
- 도움을 점차 줄여 간다.
- 수행되면 유아 스스로 토끼를 가리키며 "빠르다."라고 말해 보라고 하고, 교사가 거북이를 가리키며 "느리다."를 말해 준다.
- 수행되면 유아 스스로 토끼를 가리키며 "빠르다."라고 말하게 한 후, 교사가 거북이를 가리키며 "느리다."라고 말한 다음 유아에게 교사를 모방하여 "느리다."라고 말해 보라고 한다.
- 말하지 못하면 '빠르다'를 지도한 것과 같은 방법으로 지도한다.
- 수행되면 유아 스스로 토끼를 가리키며 "빠르다."라고 말해 보라고 하고, 거북이를 가리키며 "느리다."라고 말해 보라고 한다.
- 수행되면 다른 반대말도 같은 방법으로 지도한다.
- 수행되면 교사가 여러 가지 반대적인 물건이나 그림을 제시할 때 유아 스스로 반대말을 말해 보라고 한다.
- 수행되면 유아의 특성에 맞는 적절한 강화제를 제공한다.

☞ 수행되면 확인을 위해 교사가 반대말을 물어볼 때 유아에게 반대 그림에 스티커를 붙이게 하거나 동그라미를 그리게 하면서 반대말을 말하도록 지도할 수 있다.

☞ 반대말을 지도할 수 있는 사진이나 그림을 오려서 코팅하거나 디음 그림을 복사하여 코팅한 후 교구로 제작하여 사용하면 편리하다. 반대말을 지도할 수 있는 사진이나 그림 뒷면에는 까슬이를 붙이고, 하드보드지에는 보슬이를 붙이면 된다. 쉽게 붙였다 뗐다 할 수 있으므로 위치를 다

양하게 바꾸어 지도할 수 있어 활용도가 높다. 하드보드지와 코팅지는 문구점에서 구입할 수 있다.

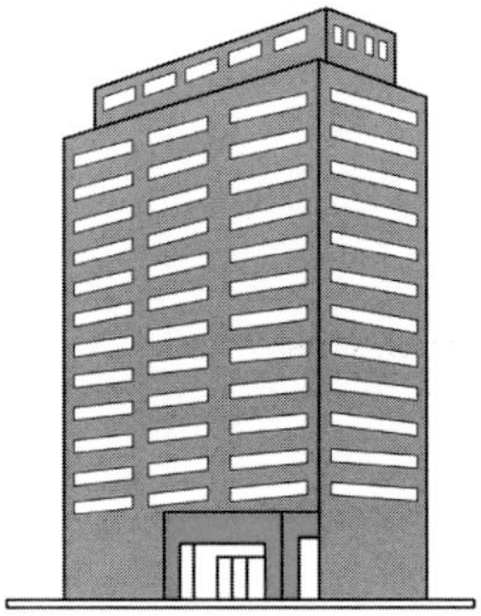

높다

낮다

크다

작다

길다

짧다

많다

적다

빠르다

느리다

넓다

좁다

시끄럽다

조용하다

덥다

춥다

깨끗하다

더럽다

6~7 세

뜨겁다

차갑다

입고 있다

벗고 있다

올라가다

내려가다

두껍다

얇다

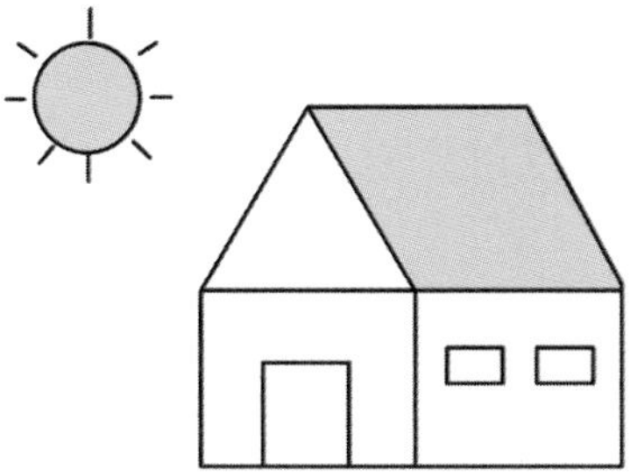

낮

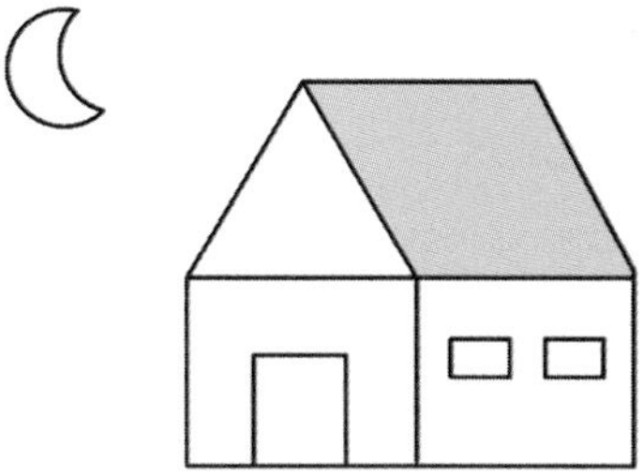

밤

시원하다

따뜻하다

137 "부드럽다."와 "딱딱하다." 표현하기

6~7세

목표 | "부드럽다."와 "딱딱하다."를 표현할 수 있다.

자료 | 부드럽고 딱딱한 여러 개의 물건과 각 그림, 강화제

방법 ❶

- 교사가 부드럽고(예: 곰돌이 인형, 장갑, 방석 등) 딱딱한(예: 블록, 컵, 프라이팬) 여러 개의 물건을 유아에게 제시한 후 교사가 '부드러운 것'을 만지며 "부드럽다."라고 말하고, '딱딱한 것'을 만지며 "딱딱하다."라고 말하는 시범을 보인다.
- 유아에게 교사를 모방하여 '부드러운 것'을 만지며 "부드럽다."라고 말하고, '딱딱한 것'을 만지며 "딱딱하다."라고 말해 보라고 한다.
- 수행되면 유아 스스로 '부드러운 것'을 만지며 "부드럽다."라고 말하고, '딱딱한 것'을 만지며 "딱딱하다."라고 말해 보라고 한다.
- 수행되면 유아의 특성에 맞는 적절한 강화제를 제공한다.

방법 ❷

- 교사가 예를 들어 곰돌이 인형과 블록을 제시한 후 곰돌이 인형을 만지며 "부드럽다."라고 말하고, 블록을 만지며 "딱딱하다."라고 말하는 시범을 보인다.
- 유아에게 교사를 모방하여 곰돌이 인형을 만지며 "부드럽다."라고 말하고, 블록을 만지며 "딱딱하다."라고 말해 보라고 한다.
- 말하지 못하면 교사가 곰돌이 인형을 만지며 "부드럽다라고 ♬ 말~해 봐요 ♬ 말~해 봐요 ♬"라고 노래를 부르며 "부드럽다."라고 말하는 시범을 보인다.
- 유아에게 교사를 모방하여 곰돌이 인형을 만지며 "부드럽다."라고 말해 보라고 한다.
- 말하지 못하면 교사가 곰돌이 인형을 만지며 "부드럽다."라고 반복하여 말해 준

후 유아에게 교사를 모방하여 "부드럽다."라고 말해 보라고 한다.

- 수행되면 교사가 "부."라고 첫소리를 말해 준 후 유아에게 "부드럽다."라고 말해 보라고 한다.
- 도움을 점차 줄여 간다.
- 수행되면 유아 스스로 곰돌이 인형을 만지며 "부드럽다."라고 말해 보라고 한다.
- 수행되면 교사가 예를 들어 블록을 만지며 "딱딱하다라고 ♬ 말~해 봐요 ♬ 말~해 봐요 ♬"라고 노래를 부르며 "딱딱하다."라고 말하는 시범을 보인다.
- 유아에게 교사를 모방하여 블록을 만지며 "딱딱하다."라고 말해 보라고 한다.
- 말하지 못하면 '부드럽다'를 지도한 것과 같은 방법으로 지도한다.
- 수행되면 유아 스스로 블록을 만지며 "딱딱하다."라고 말해 보라고 한다.
- 수행되면 딱딱하고 부드러운 다른 물건이나 그림들도 같은 방법으로 지도한다.
- 수행되면 유아 스스로 '부드러운 것'을 만지며 "부드럽다."라고 말하고, '딱딱한 것'을 만지며 "딱딱하다."라고 말해 보라고 한다.
- 수행되면 유아의 특성에 맞는 적절한 강화제를 제공한다.

☞ "부드럽다."와 "딱딱하다." 지도 시 물건이나 그림의 색깔이 다를 경우 색깔이 단서가 되어 수행되는 경우가 발생할 수 있으므로 유의한다.

☞ 수행되면 그림을 제시한 후 교사의 지시에 따라 그림에 동그라미 그리기, 스티커 붙이기, 도장 찍기를 하면서 "부드럽다."와 "딱딱하다."를 말할 수 있도록 지도하는 방법도 있다.

☞ 부드럽고 딱딱한 물건의 사진 및 그림을 오려서 코팅하거나 다음 그림을 복사하여 코팅한 후 교구로 제작하여 사용하면 편리하다. 부드럽고 딱딱한 물건의 사진 및 그림 뒷면에는 까슬이를 붙이고, 하드보드지에는 보슬이를 붙이면 쉽게 붙였다 뗐다 할 수 있다.

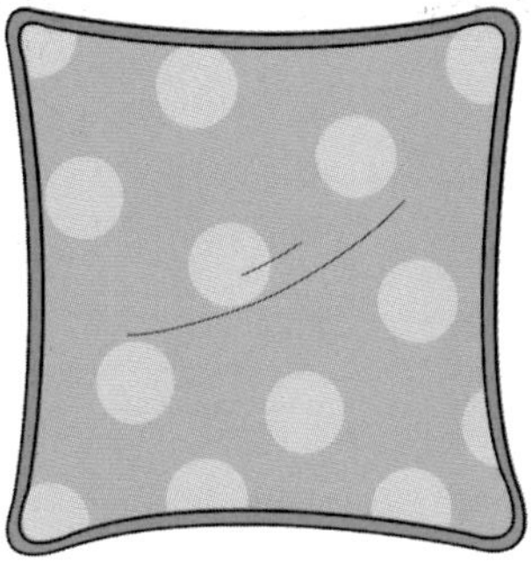

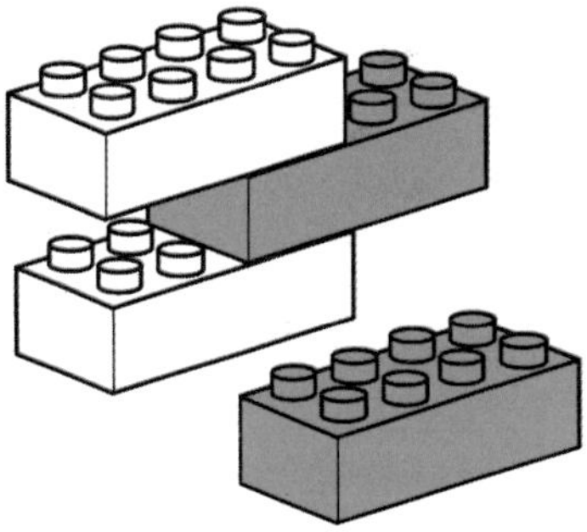
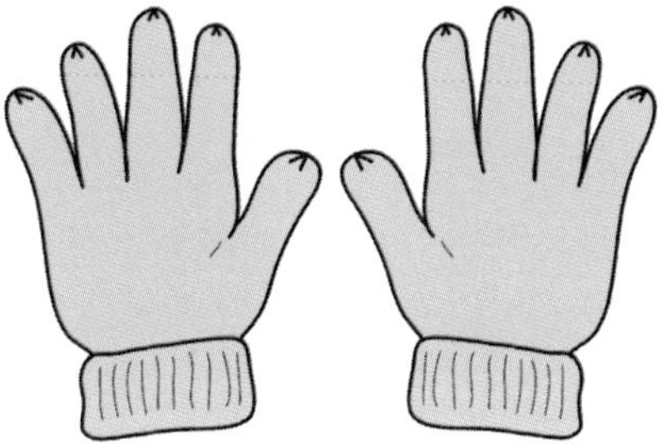

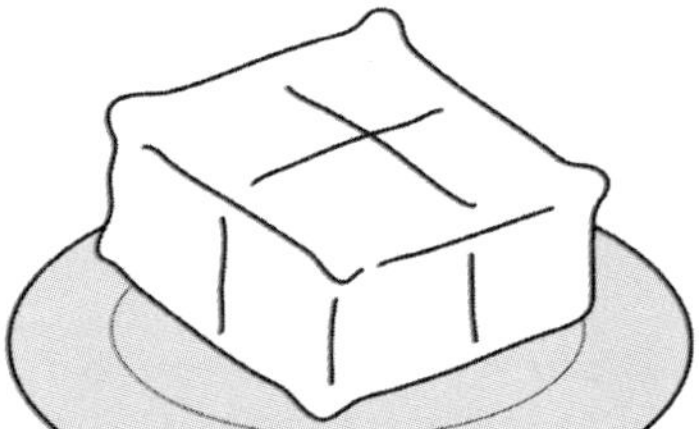

138 간단한 수수께끼 풀기

6~7세

목표 | 간단한 수수께끼를 풀 수 있다.

자료 | 과일 및 동물 모형이나 그림, 다양한 사물, 강화제

방법 ❶

- 교사가 과일 및 동물 모형이나 그림, 다양한 사물 등을 제시한 후 각각의 특징을 설명해 준다.
- 교사가 과일 및 동물 모형이나 그림, 다양한 사물 등의 특징(예: 길쭉길쭉하고 노란색이에요. 여러 개가 같이 달려 있고 달콤하고 맛있어요.)을 설명해 줄 때 특징에 맞는 사물(바나나)을 말하는 시범을 보인다.
- 유아에게 교사가 말해 주는 과일 및 동물 모형이나 그림, 다양한 사물 등의 특징을 듣고 교사를 모방하여 특징에 맞는 사물을 말해 보라고 한다.
- 수행되면 교사가 말해 주는 과일 및 동물 모형이나 그림, 다양한 사물 등의 특징을 듣고 유아 스스로 특징에 맞는 사물을 말해 보라고 한다.
- 수행되면 유아의 특성에 맞는 적절한 강화제를 제공한다.

방법 ❷

- 교사가 과일 및 동물 모형이나 그림, 다양한 사물 등을 제시한 후 각각의 특징을 설 해 준다.
- 교사가 예를 들어 "길쭉길쭉하고 노란색이에요. 여러 개가 같이 달려 있고 달콤하고 맛있어요."라고 설명한 후 "바나나."라고 말하는 시범을 보인다.
- 유아에게 교사가 말하는 사물의 특징을 듣고 교사를 모방하여 "바나나."라고 말해 보라고 한다.
- 말하지 못하면 교사가 "바나나."라고 반복하여 말해 준 후 유아에게 "바나나."라

고 말해 보라고 한다.

- 수행되면 유아 스스로 “바나나.”라고 말해 보라고 한다.
- 수행되면 교사가 예를 들어 “이 동물은 멍멍 하고 짖어요. 집에서 키워요.” 라고 설명한 후 “강아지.”라고 말하는 시범을 보인다.
- 유아에게 교사가 말하는 사물의 특징을 듣고 교사를 모방하여 “강아지.”라고 말해 보라고 한다.
- 말하지 못하면 교사가 “강아지.”라고 반복하여 말해 준 후 유아에게 “강아지.”라고 말해 보라고 한다.
- 수행되면 유아 스스로 “강아지.”라고 말해 보라고 한다.
- 수행되면 교사가 예를 들어 “이 동물은 생선을 좋아하고 야옹 야옹 하고 울어요. 집에서도 키우고 길에도 다녀요.”라고 설명을 한 후 “고양이.”라고 말하는 시범을 보인다.
- 유아에게 교사가 말하는 사물의 특징을 듣고 교사를 모방하여 “고양이.”라고 말해 보라고 한다.
- 말하지 못하면 교사가 “고양이.”라고 반복하여 말해 준 후 유아에게 “고양이.”라고 말해 보라고 한다.
- 수행되면 유아 스스로 “고양이.”라고 말해 보라고 한다.
- 수행되면 다양한 과일 및 동물 모형이나 그림, 사물 등도 같은 방법으로 지도한다.
- 수행되면 다양한 과일 및 동물 모형이나 그림, 사물 등을 제시한 후 교사가 설명하는 특징을 유아 스스로 각 설명의 특징에 맞는 사물을 말해 보라고 한다.
- 수행되면 유아의 특성에 맞는 적절한 강화제를 제공한다.

☞ 가능하면 실물이나 모형으로 지도한 후 그림자료를 활용하도록 한다.

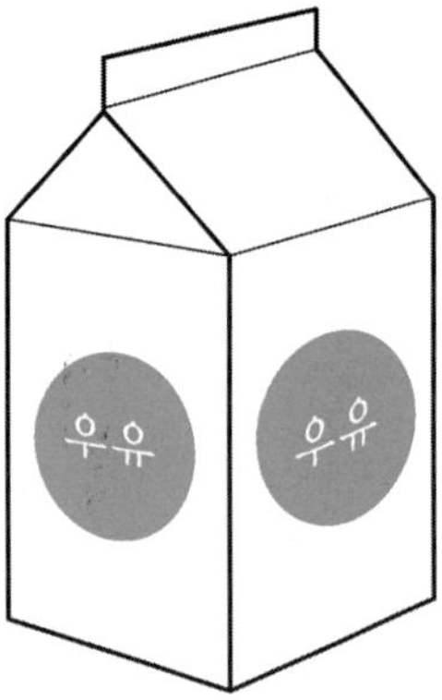
우유
우유

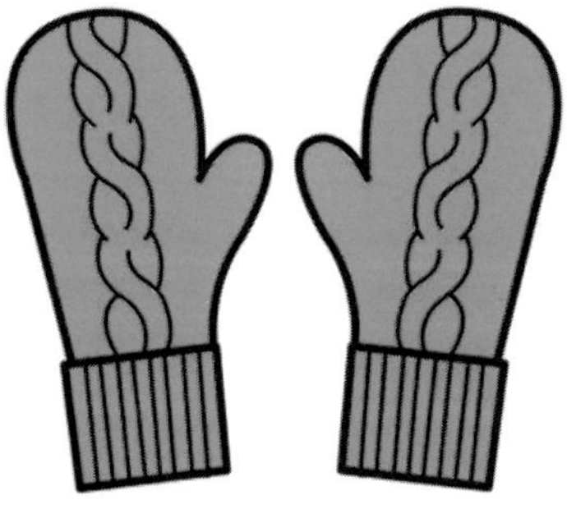

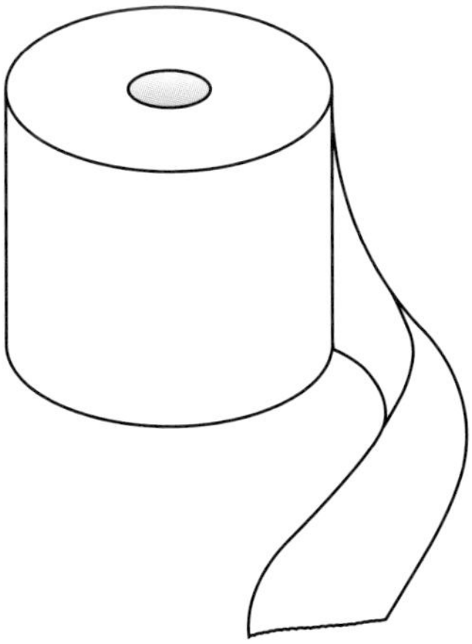

139 "굵다."와 "가늘다." 말하기

6~7세

목표 | "굵다."와 "가늘다."를 말할 수 있다.

자료 | 굵고 가는 여러 개의 물건과 각 그림, 강화제

방법 ❶

- 교사가 굵고(예: 굵은 나무, 굵은 노끈 등) 가는(예: 가는 나무, 가는 실 등) 여러 개의 물건을 유아에게 제시한 후 '굵은 것'을 가리키며 "굵다."라고 말하고, '가는 것'을 가리키며 "가늘다."라고 말하는 시범을 보인다.
- 유아에게 교사를 모방하여 '굵은 것'을 가리키며 "굵다."라고 말하고, '가는 것'을 가리키며 "가늘다."라고 말해 보라고 한다.
- 수행되면 유아 스스로 '굵은 것'을 가리키며 "굵다."라고 말하고, '가는 것'을 가리키며 "가늘다."라고 말해 보라고 한다.
- 수행되면 유아의 특성에 맞는 적절한 강화제를 제공한다.

방법 ❷

- 교사가 예를 들어 굵은 노끈과 가는 실을 제시한 후 굵은 노끈을 가리키며 "굵다."라고 말하고, 가는 실을 가리키며 "가늘다."라고 말하는 시범을 보인다.
- 유아에게 교사를 모방하여 굵은 노끈을 가리키며 "굵다."라고 말하고 가는 실을 가리키며 "가늘다."라고 말해 보라고 한다.
- 말하지 못하면 교사가 굵은 노끈을 가리키며"굵다라고 ♬ 말~해 봐요 ♬ 말~해 봐요 ♬"라고 노래를 부르며 "굵다."라고 말하는 시범을 보인다.
- 유아에게 교사를 모방하여 굵은 노끈을 가리키며 "굵다."라고 말해 보라고 한다.
- 말하지 못하면 교사가 굵은 노끈을 가리키며 "굵다."라고 반복하여 말해 준 후 유아에게 "굵다."라고 말해 보라고 한다.

- 수행되면 교사가 "굵." 이라고 첫소리를 말해 준 후 유아에게 "굵다."라고 말해 보라고 한다.
- 수행되면 교사가 '굵다'라고 말하는 입 모양을 보여 주며 유아에게 "굵다."라고 말해 보라고 한다.
- 도움을 점차 줄여 간다.
- 수행되면 유아 스스로 굵은 노끈을 가리키며 "굵다."라고 말해 보라고 한다.
- 수행되면 교사가 예를 들어 가는 실을 가리키며 "가늘다라고 ♬ 말~해 봐요 ♬ 말~해 봐요 ♬"라고 노래를 부르며 "가늘다."라고 말하는 시범을 보인다.
- 유아에게 교사를 모방하여 가는 실을 가리키며 "가늘다."라고 말해 보라고 한다.
- 말하지 못하면 '굵다'를 지도한 것과 같은 방법으로 지도한다.
- 수행되면 유아 스스로 가는 실을 가리키며 "가늘다."라고 말해 보라고 한다.
- 수행되면 굵고 가는 다른 물건이나 그림들도 같은 방법으로 지도한다.
- 수행되면 유아 스스로 '굵은 것'을 가리키며 "굵다."라고 말하고 '가는 것'을 가리키며 "가늘다."라고 말해 보라고 한다.
- 수행되면 유아의 특성에 맞는 적절한 강화제를 제공한다.

☞ 수행되면 그림을 제시한 후 교사의 지시에 따라 굵거나 가는 그림에 동그라미 그리기, 스티커 붙이기, 또는 도장을 찍으면서 "굵다."와 "가늘다."를 말하도록 지도하는 방법도 있다. 특히 시판되고 있는 도장은 동물 모양이나 과일, 수 등 다양한 그림들이 새겨져 있어 유아들이 흥미 있게 과제를 수행하는 데 도움이 될 수 있다.

☞ 굵고 가는 물건의 사진 및 그림을 오려서 코팅하거나 다음 그림을 복사하여 코팅한 후 교구로 제작하여 사용하면 편리하다. 굵고 가는 물건의 사진 및 그림 뒷면에 까슬이를 붙이고, 하드보드지에는 보슬이를 붙이면 쉽게 붙였다 뗐다 할 수 있다.

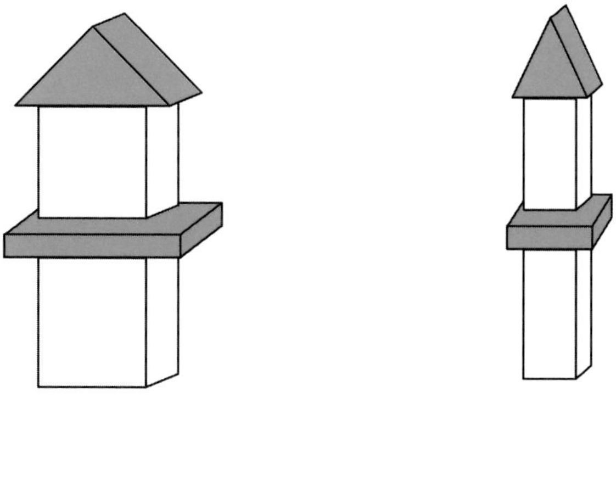

6~7 세

140 제시된 낱말 듣고 연상하여 말하기 6~7세

목표 | 제시된 낱말을 듣고 연상하여 말할 수 있다.

자료 | 다양한 그림자료(예: 병원과 관련된 것, 놀이터와 관련된 것 등), 강화제

방법 ❶

- 교사가 예를 들어 "의사, 청진기, 주사기."라고 말해 준 후 무엇이 생각나는지를 물어보면 "병원."이라고 말하는 시범을 보인다.
- 교사가 "의사, 청진기, 주사기."라고 말해 줄 때 유아에게 교사를 모방하여 "병원."이라고 말해 보라고 한다.
- 수행되면 교사가 "의사, 청진기, 주사기."라고 말해 줄 때 유아 스스로 "병원."이라고 말해 보라고 한다.
- 수행되면 교사가 다른 다양한 낱말을 제시할 때 제시된 낱말을 듣고 유아 스스로 그 낱말에 적합한 것을 연상하여 말해 보라고 한다.
- 수행되면 유아의 특성에 맞는 적절한 강화제를 제공한다.

방법 ❷

- 교사가 예를 들어 병원과 관련된 것 등의 그림을 제시한 후 "의사, 청진기, 주사기."라고 말해 준 후 무엇이 생각나는지를 물어보면 "병원."이라고 말하는 시범을 보인다.
- 교사가 "의사, 청진기, 주사기."라고 말해 주면 유아에게 교사를 모방하여 "병원."이라고 말해 보라고 한다.
- 말하지 못하면 교사가 "병원."이라고 반복하여 말해 준 후 유아에게 "병원."이라고 말해 보라고 한다.
- 수행되면 교사가 "병."이라고 첫소리를 말해 준 후 유아에게 "병원."이라고 말해

보라고 한다.

- 수행되면 교사가 진찰하는 동작을 보여 주며 유아에게 "병원."이라고 말해 보라고 한다.
- 도움을 점차 줄여 간다.
- 수행되면 교사가 "의사, 청진기, 주사기."라고 말해 줄 때 유아 스스로 "병원."이라고 말해 보라고 한다.
- 수행되면 교사가 예를 들어 "시소, 그네, 미끄럼틀."이라고 말해 준 후 무엇이 생각나는지를 물어보면 "놀이터."라고 말하는 시범을 보인다.
- 교사가 "시소, 그네, 미끄럼틀."이라고 말해 주면 유아에게 교사를 모방하여 "놀이터."라고 말해 보라고 한다.
- 말하지 못하면 '병원'을 지도한 것과 같은 방법으로 지도한다.
- 수행되면 교사가 다른 다양한 낱말을 제시할 때 제시된 낱말을 듣고 유아 스스로 그 낱말에 적합한 것을 연상하여 말해 보라고 한다.
- 수행되면 유아의 특성에 맞는 적절한 강화제를 제공한다.

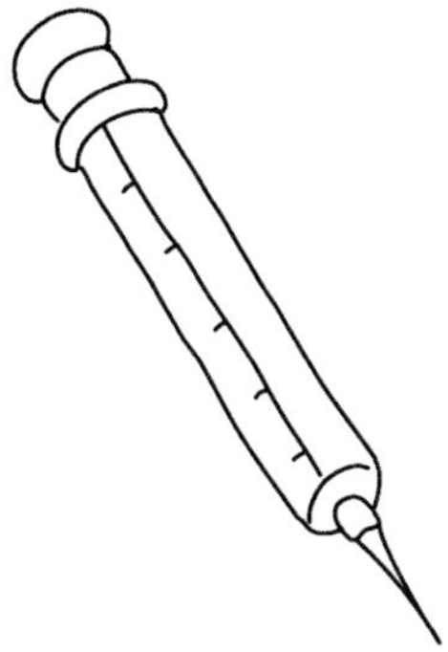

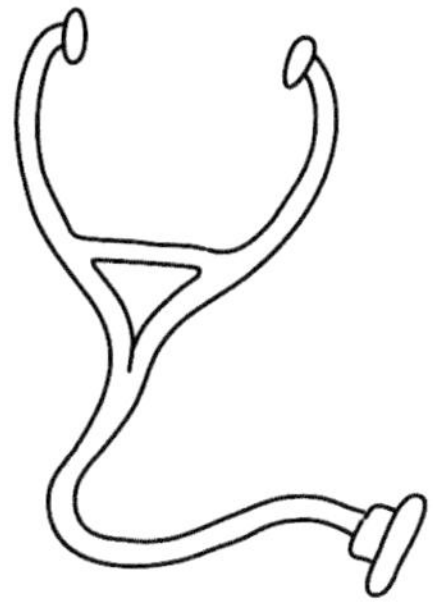
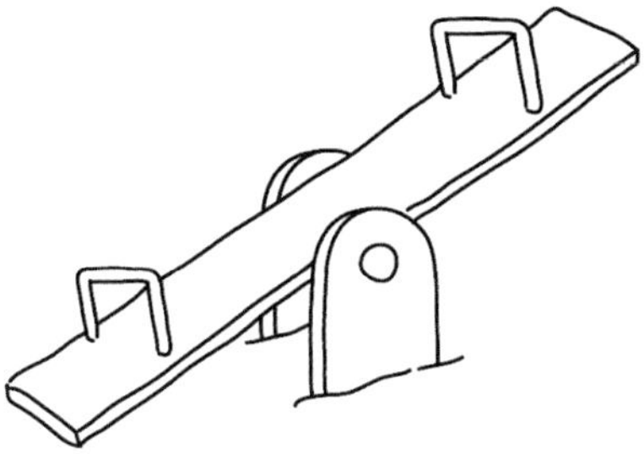
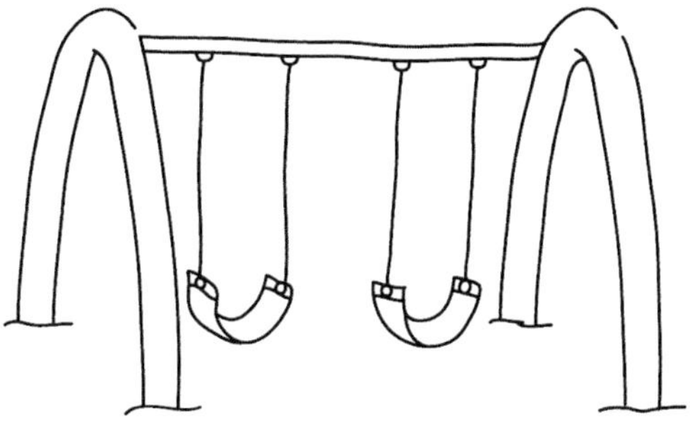

6~7 세

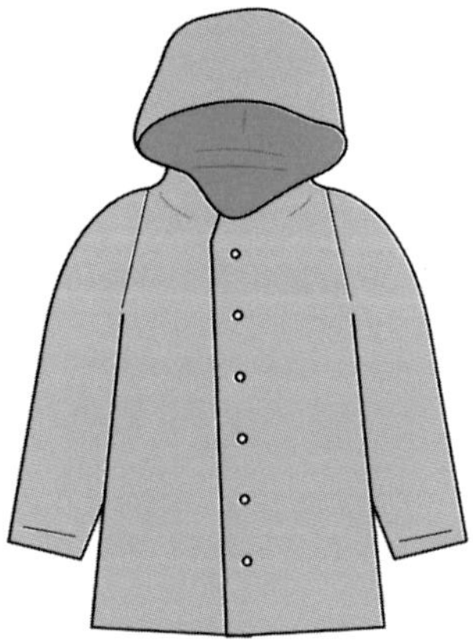

141 형용사 사용하기

6~7세

목표 | 형용사를 사용할 수 있다.

자료 | 그림카드, 강화제

방법 ❶

- 교사가 형용사(예: 착한, 귀여운, 예쁜)를 말하는 시범을 보인다.
- 유아에게 교사를 모방하여 형용사를 말해 보라고 한다.
- 수행되면 유아 스스로 형용사를 말해 보라고 한다.
- 수행되면 유아의 특성에 맞는 적절한 강화제를 제공한다.

방법 ❷

- 교사가 강아지, 꽃, 아이스크림, 인형, 우유 등이 그려져 있는 그림을 제시한 후 각 그림에 형용사를 붙여 말하는 시범을 보인다.
- 유아에게 교사를 모방하여 형용사를 말해 보라고 한다.
- 말하지 못하면 교사가 예를 들어 강아지 그림을 제시한 후 "강아지."라고 말하는 시범을 보인다.
- 유아에게 교사를 모방하여 "귀여운 강아지."라고 말해 보라고 한다.
- 말하지 못하면 교사가 "귀여운 강아지."라고 반복하여 말해 준 후 유아에게 "귀여운 강아지."라고 말해 보라고 한다.
- 수행되면 교사가 "귀여운."이라고 말해 준 후 유아에게 "강아지."라고 말해 보라고 한다.
- 수행되면 교사가 "귀."라고 첫소리를 말해 준 후 유아에게 "귀여운 강아지."라고 말해 보라고 한다.
- 수행되면 교사가 '귀여운 강아지'라고 말하는 입 모양을 보여 주며 유아에게 "귀

여운 강아지."라고 말해 보라고 한다.

• 도움을 점차 줄여 간다.
• 수행되면 교사가 강아지 그림을 제시할 때 유아 스스로 "귀여운 강아지."라고 말해 보라고 한다.
• 수행되면 교사가 예를 들어 꽃 그림을 제시한 후 "예쁜 꽃."이라고 말하는 시범을 보인다.
• 유아에게 교사를 모방하여 "예쁜 꽃."이라고 말해 보라고 한다.
• 말하지 못하면 '강아지'를 지도한 것과 같은 방법으로 지도한다.
• 수행되면 교사가 다양한 형용사를 말하는 시범을 보인 후 유아 스스로 형용사를 말해 보라고 한다.
• 수행되면 유아의 특성에 맞는 적절한 강화제를 제공한다.

☞ 예를 들어 '귀여운 강아지'를 지도한 후 유아의 상태에 따라 확장하여 '착한 강아지' '예쁜 강아지' 등을 말하도록 지도할 수 있다.

☞ 예를 들어 '귀여운, 예쁜, 착한, 맛있는, 시원한, 달콤한, 뜨거운, 차가운, 긴, 큰' 등의 다양한 형용사를 활용하여 지도하도록 한다.

우유
우유

142 짧은 말 전달하기

6~7세

목표 | 짧은 말을 전달할 수 있다.

자료 | 강화제

방법 ❶

- 교사가 유아에게 짧은 말을 전달하는 시범을 보인다.
- 유아에게 교사를 모방하여 짧은 말을 전달해 보라고 한다.
- 수행되면 유아 스스로 교사나, 엄마, 친구가 전달하는 짧은 말을 전달해 보라고 한다.
- 수행되면 유아의 특성에 맞는 적절한 강화제를 제공한다.

방법 ❷

- 교사가 예를 들어 유아에게 "선생님이 연필 달래요."라는 말을 전달하는 시범을 보인다.
- 유아에게 교사를 모방하여 교사에게 "선생님이 연필 달래요."라는 말을 전달해 보라고 한다.
- 전달하지 못하면 교사가 "선생님이 연필."이라는 말을 해 준 후 유아가 교사에게 "달래요."라는 말을 전달해 보라고 한다.
- 수행되면 교사가 "선생님이."라는 말을 해 준 후 유아가 교사에게 "연필 달래요." 라는 말을 전달해 보라고 한다.
- 수행되면 교사가 "선."이라고 첫소리를 말해 준 후 유아에게 "선생님이 연필 달래요."라는 말을 전달해 보라고 한다.
- 수행되면 교사가 연필을 보여 주며 유아에게 "선생님이 연필 달래요."라는 말을 전달해 보라고 한다.

• 도움을 점차 줄여 간다.

• 수행되면 교사가 "선생님이 연필 달래요."라는 말을 전달해 줄 때 유아 스스로 "선생님이 연필 달래요."라는 말을 전달해 보라고 한다.

• 수행되면 교사가 예를 들어 유아에게 "선생님이 색종이 가져오래요."라는 말을 전달하는 시범을 보인다.

• 유아에게 교사를 모방하여 교사에게 "선생님이 색종이 가져오래요."라는 말을 전달해 보라고 한다.

• 전달하지 못하면 연필을 달라고 전달한 것과 같은 방법으로 지도한다.

• 수행되면 유아 스스로 교사나, 엄마, 친구가 전달하는 짧은 말을 전달해 보라고 한다.

• 수행되면 유아의 특성에 맞는 적절한 강화제를 제공한다.

☞ 하루의 일과 속에서 짧은 말을 전달할 수 있도록 지속적으로 지도하는 것이 효과적이다. 예를 들어 교사가 어머니께 전달할 말을 알림장에 미리 기록한 후 유아가 하원할 때 어머니께 전달할 말을 유아에게 말해 준다. 추후 정확하게 전달되었는지를 어머니께 확인하거나 어머니가 알림장을 확인한 후 전달 여부에 대한 부분을 기록해 달라고 요청하면 된다.

143 문제가 생겼을 때 요청하기

6~7세

목표 | 문제가 생겼을 때 도움을 요청할 수 있다.

자료 | 강화제

방법 ❶

• 교사가 문제가 생겼을 때(예: 바닥에 물을 쏟았을 때, 옷에 음식이 묻었을 때) 도움을 요청(예: 휴지 주세요, 닦아 주세요, 옷 닦아 주세요 등)하는 시범을 보인다.

- 유아에게 교사를 모방하여 문제가 생겼을 때 도움을 요청해 보라고 한다.
- 수행되면 문제가 생겼을 때 유아 스스로 도움을 요청해 보라고 한다.
- 수행되면 유아의 특성에 맞는 적절한 강화제를 제공한다.

방법 ❷

- 교사가 예를 들어 바닥에 물을 쏟은 후 유아에게 도움을 요청해 보라고 한다.
- 유아가 도움을 요청하지 못하면 교사가 "휴지 주세요(물 닦아 주세요)."라고 말하는 시범을 보인다.
- 유아에게 교사를 모방하여 "휴지 주세요."라고 도움을 요청해 보라고 한다.
- 말하지 못하면 교사가 "휴지 주세요."라고 반복하여 말해 준 후 유아에게 교사를 모방하여 "휴지 주세요."라고 도움을 요청해 보라고 한다.
- 수행되면 교사가 "휴지."라고 말해 준 후 유아에게 "주세요."라고 말해 보라고 한다.
- 수행되면 교사가 "휴."라고 첫소리를 말해 준 후 유아에게 "휴지 주세요."라고 말해 보라고 한다.
- 도움을 점차 줄여 간다.
- 수행되면 바닥에 물을 쏟았을 때 유아 스스로 도움을 요청하여 "휴지 주세요."라고 말해 보라고 한다.
- 수행되면 예를 들어 옷에 음식이 묻었을 때 유아에게 도움을 요청해 보라고 한다.
- 도움을 요청하지 못하면 교사가 "옷 닦아 주세요."라고 말하는 시범을 보인다.
- 유아에게 교사를 모방하여 "옷 닦아 주세요."라고 도움을 요청해 보라고 한다.
- 말하지 못하면 '바닥에 물이 쏟아졌을 때'를 지도한 것과 같은 방법으로 지도한다.
- 수행되면 다양한 문제(예: 꽃이 시들고 있을 때, 날씨가 너무 더울 때, 날씨가 너무 추울 때, 친구와 싸웠을 때 등)가 생겼을 때 도움을 요청하는 것도 같은 방법으로 지도한다.
- 수행되면 문제가 생겼을 때 유아 스스로 도움을 요청해 보라고 한다.
- 수행되면 유아의 특성에 맞는 적절한 강화제를 제공한다.

6~7 세

144 「엄지 어디 있소」 노래 부르기

6~7세

목표 | 「엄지 어디 있소」 노래를 부를 수 있다.

자료 | 「엄지 어디 있소」 노래가 쓰여 있는 전지, 카세트, 강화제

방법 ❶

- 교사가 「엄지 어디 있소」 노래가 쓰여 있는 전지를 걸어 놓은 후 카세트를 켜고 유아에게 「엄지 어디 있소」 노래를 들려준다.
- 교사가 "엄지 어디 있~소 ♬ 엄지 어디 있~소 ♬ 여기 나와 있~어 ♬ 여기 나와 있~어 ♬ 안녕! 하며 인~사 ♬ 또 만나요 인~사 ♬ 날아가요~ ♬ 날아가요~ ♬"라고 노래를 부르는 시범을 보인다.
- 유아에게 교사를 모방하여 "엄지 어디 있~소 ♬"라고 노래를 불러 보라고 한다.
- 수행되면 유아 스스로 「엄지 어디 있소」 노래를 불러 보라고 한다.
- 수행되면 유아의 특성에 맞는 적절한 강화제를 제공한다.

방법 ❷

- 교사가 「엄지 어디 있소」 노래가 쓰여 있는 전지를 걸어 놓은 후 카세트를 켜고 유아에게 「엄지 어디 있소」 노래를 들려준다.
- 교사가 "엄지 ♬ 어디 있~소 ♬"라고 노래를 부르는 시범을 보인다.
- 유아에게 교사를 모방하여 "엄지 ♬ 어디 있~소 ♬"라고 노래를 불러 보라고 한다.
- 부르지 못하면 교사가 "엄지♬"라고 노래를 불러 준 후 유아에게 "어디 ♬ 있~소 ♬"라고 노래를 불러 보라고 한다.
- 수행되면 교사가 "엄지♬ 어디~ 있소 ♬"라고 노래를 불러 준 후 유아에게 "엄지 어디 ♬ 있~소 ♬"라고 노래를 불러 보라고 한다.
- 수행되면 교사가 "엄지 ♬ 어디 있~소 ♬ 엄지 ♬ 어디 있~소 ♬"라고 노래를 불

러 준 후 유아에게 똑같이 불러 보라고 한다.

- 도움을 점차 줄여 간다.
- 수행되면 유아 스스로 "엄지 ♬ 어디 있~소 ♬ 엄지 ♬ 어디 있~소 ♬"라고 노래를 불러 보라고 한다.
- 수행되면 "여기 나와 있~어 ♬ 여기 나와 있~어 ♬"라고 노래를 부르는 시범을 보인다.
- 부르지 못하면 "엄지 ♬ 어디 있~소 ♬"와 같은 방법으로 지도한다.
- 수행되면 교사가 "안녕! 하며 ♬ 인~사 ♬"라고 노래를 부르는 시범을 보인다.
- 유아에게 교사를 모방하여 "안녕! 하며 ♬ 인~사 ♬"라고 노래를 불러 보라고 한다.
- 부르지 못하면 "엄지 ♬ 어디 있~소 ♬"와 같은 방법으로 지도한다.
- 수행되면 유아 스스로 "안녕! 하며 ♬ 인~사 ♬"라고 노래를 불러 보라고 한다.
- 수행되면 교사가 "엄지 어디 있~소 ♬ 엄지 어디 있~소 ♬ 여기 나와 있~어 ♬ 여기 나와 있~어 ♬ 안녕! 하며 인~사 ♬"라고 노래를 불러 준 후 유아에게 불러 보라고 한다.
- 수행되면 교사가 "또 만나요 ♬ 인~사 ♬"라고 노래를 부르는 시범을 보인다.
- 유아에게 교사를 모방하여 "또 만나요 ♬ 인~사 ♬"라고 노래를 불러 보라고 한다.
- 부르지 못하면 "엄지 ♬ 어디 있~소 ♬"와 같은 방법으로 지도한다.
- 수행되면 유아 스스로 "또 만나요 ♬ 인~사 ♬"라고 노래를 불러 보라고 한다.
- 수행되면 유아 스스로 "엄지 어디 있~소 ~ 또 만나요 인~사 ♬"라고 노래를 불러 보라고 한다.
- 수행되면 교사가 "날아가요~ ♬ 날아가요~ ♬"라고 노래를 부르는 시범을 보인다.
- 유아에게 교사를 모방하여 "날아가요~ ♬ 날아가요~ ♬"라고 노래를 불러 보라고 한다.
- 부르지 못하면 "엄지 ♬ 어디 있~소 ♬"와 같은 방법으로 지도한다.
- 수행되면 유아 스스로 "날아가요~ ♬ 날아가요~ ♬"라고 노래를 불러 보라고 한다.

• 수행되면 교사가 「엄지 어디 있~소 ♬」 노래를 불러 준 후 유아 스스로 「엄지 어디 있~소 ♬」 노래를 불러 보라고 한다.
• 수행되면 유아의 특성에 맞는 적절한 강화제를 제공한다.

☞ 다음과 같이 동작과 함께 지도하면 효과적으로 습득할 수 있다.

"엄~지 ♬ 어디 있~소 (양 손 뒤로 감춘 상태에서 목을 한쪽으로 쭉 빼서 찾는 시늉) 엄~지 ♬ 어디 있~소 (반대쪽으로 쭉 빼며 찾는 시늉) 여기 나와 ♬ 있~어 (한 손 엄지 앞으로) 여기 ♬ 나와 있~어 (다른 손 엄지 앞으로) 안녕! 하며 ♬ 인~사 (엄지끼리 인사) 또 만나요 인~사 (엄지끼리 인사) 날아가요~ ♬ (한 손 엄지 날아가는 시늉) 날아가요~ ♬ (한 손 엄지 날아가는 시늉)."

☞ 가사를 다양하게 예를 들어 다음과 같이 개사하여 지도할 수 있다.

"안녕! 하며 ♬ 인~사 (어떠세요, 오늘) 또 만나요 인~사 (재미 있소, 오늘) 날아가요 (들어가오) 날아가요 (들어가오)."

145 네 가지 촉감 말하기

6~7세

목표 | 네 가지 촉감을 말할 수 있다.

자료 | 사포, 극세사(부드러운 털 종류), 실크 천, 구슬 솜, 찰흙 등, 비밀 주머니, 강화제

방법 ❶

• 두 가지 촉감(예: 꺼칠하다, 부드럽다)은 앞 단계에서 수행하였으므로 확인한 후 시행한다.
• 교사가 예를 들어 구슬 솜과 찰흙을 제시한 후 구슬 솜을 만지면서 "폭신폭신하다."라고 말하고, 찰흙을 만지면서 "말랑말랑하다."라고 말하는 시범을 보인다.
• 유아에게 교사를 모방하여 구슬 솜을 만지면서 "폭신폭신하다."라고 말하고, 찰흙을 만지면서 "말랑말랑하다."라고 말해 보라고 한다.

- 수행되면 유아 스스로 구슬 솜을 만지면서 "폭신폭신하다."라고 말하고, 찰흙을 만지면서 "말랑말랑하다."라고 말해 보라고 한다.
- 수행되면 교사가 네 가지의 촉감을 제시한 후 유아 스스로 각 촉감을 말해 보라고 한다.
- 수행되면 유아의 특성에 맞는 적절한 강화제를 제공한다.

방법 ❷

- 두 가지 촉감(예: 꺼칠하다. 부드럽다.)은 앞 단계에서 수행하였으므로 확인한 후 시행한다.
- 교사가 구슬 솜을 만지면서 "폭신폭신하다고 ♬ 말~해 봐요 ♬ 말~해 봐요 ♬" 라고 노래를 부르며 "폭신폭신하다."라고 말하는 시범을 보인다.
- 유아에게 교사를 모방하여 "폭신폭신하다."라고 말해 보라고 한다.
- 모방하지 못하면 교사가 "폭신폭신하다."라고 반복하여 말해 준 후 유아에게 "폭신폭신하다."라고 말해 보라고 한다.
- 수행되면 교사가 "폭신."이라고 말해 준 후 유아에게 "폭신폭신하다."라고 말해 보라고 한다.
- 수행되면 교사가 "폭."라고 첫소리를 말해 준 후 유아에게 "폭신폭신하다."라고 말해 보라고 한다.
- 도움을 점차 줄여 간다.
- 수행되면 유아 스스로 구슬 솜을 만지면서 "폭신폭신하다."라고 말해 보라고 한다.
- 수행되면 교사가 찰흙을 만지면서 "말랑말랑하다고 ♬ 말~해 봐요 ♬ 말~해 봐요 ♬"라고 노래를 부르며 "말랑말랑하다."라고 말하는 시범을 보인다.
- 유아에게 교사를 모방하여 "말랑말랑하다."라고 말해 보라고 한다.
- 모방하지 못하면 '폭신폭신'한 것을 지도한 것과 같은 방법으로 지도한다.
- 수행되면 유아 스스로 찰흙을 만지면서 "말랑말랑하다."라고 말해 보라고 한다.
- 수행되면 교사가 '구슬 솜'과 '찰흙'을 제시한 후 유아 스스로 구슬 솜을 만지면서 "폭신폭신하다."라고 말하고, 찰흙을 만지면서 "말랑말랑하다."라고 말해 보라고 한다.

• 수행되면 교사가 네 가지의 촉감을 제시한 후 유아 스스로 각 촉감을 말해 보라고 한다.

• 수행되면 유아의 특성에 맞는 적절한 강화제를 제공한다.

☞ 비밀 주머니는 큰 사각 스카프를 활용하여 스카프 가장자리에 구멍을 낸 후 구멍에 끈을 끼워서 당기면 완성된다. 비밀 주머니 대신 상자나, 가방, 장갑 등을 활용해도 무방하다.

☞ 비밀 주머니에 구슬 솜과 찰흙을 넣은 후 교사와 유아가 비밀 주머니에 손을 넣고, 예를 들어 구슬 솜을 만지면서 "폭신폭신하다."라고 말하고, 찰흙을 만지면서 "말랑말랑하다."라고 지도해도 유아가 흥미로워한다.

☞ 시중에서 판매되고 있는 다음 그림과 같은 촉감 교구 또는 촉감 책을 활용해서 지도하면 보다 효과적이다. 구하기 어려운 경우 집에서 쉽게 구할 수 있는 촉감 자료들을 활용하여 촉감 책을 만들어 지도해도 된다. 촉감 책은 예를 들어 각종 꽃이나 과일에 각 촉감을 일부분 붙여 주면 된다.

☞ 4개의 슬리퍼 모양을 준비한 후 각 촉감을 슬리퍼 바닥에 붙여 주어서 유아가 신고 다니면서 각 촉감을 습득하도록 지도해도 효과적이다.

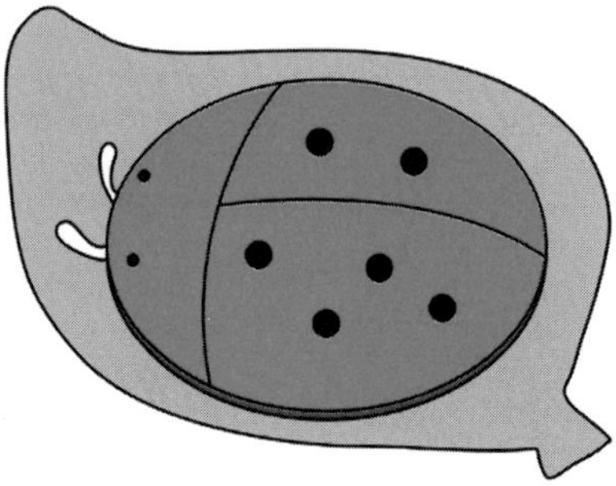

146 다음에 무슨 일이 생길지 예측하여 말하기 6~7세

목표 | 다음에 무슨 일이 생길지 예측하여 말할 수 있다.

자료 | 그림자료, 강화제

방법 ❶

- 교사가 예를 들어 ○○가 풍선을 들고 있는 그림과 놓친 그림, 공을 차서 창문을 깨뜨린 그림 등을 유아에게 제시한 후 다음에 무슨 일이 생길지 물어본다.
- 대답하지 못하면 교사가 다음에 무슨 일이 생길지 말하는 시범을 보인다.
- 유아에게 교사를 모방하여 다음에 무슨 일이 생길지 말해 보라고 한다.
- 수행되면 유아 스스로 다음에 무슨 일이 생길지 말해 보라고 한다.
- 수행되면 유아의 특성에 맞는 적절한 강화제를 제공한다.

방법 ❷

- 교사가 예를 들어 ○○가 풍선을 들고 있는 그림과 놓친 그림을 유아에게 제시한 후 다음에 무슨 일이 생길지 물어본다.
- 대답하지 못하면 교사가 "풍선이 날아가서 울었어요."라고 대답하는 시범을 보인다.
- 유아에게 교사를 모방하여 "풍선이 날아가서 울었어요."라고 대답해 보라고 한다.
- 대답하지 못하면 교사가 "풍선이 날아가서."라고 말해 준 후 유아에게 "울었어요."라고 대답해 보라고 한다.
- 수행되면 교사가 "풍선이."라고 말해 준 후 유아에게 "날아가서 울었어요."라고 대답해 보라고 한다.
- 수행되면 교사가 "풍."이라고 첫소리를 말해 준 후 유아에게 "풍선이 날아가서 울었어요."라고 대답해 보라고 한다.

- 도움을 점차 줄여 간다.
- 수행되면 교사가 ○○가 풍선을 들고 있는 그림과 놓친 그림을 유아에게 제시한 후 다음에 무슨 일이 생길지 물어볼 때 유아 스스로 "풍선이 날아가서 울었어요." 라고 대답해 보라고 한다.
- 수행되면 교사가 예를 들어 ○○가 공을 차다 창문을 깨뜨린 그림을 유아에게 제시한 후 다음에 무슨 일이 생길지 물어본다.
- 대답하지 못하면 교사가 "꾸중을 들었어요(혼났어요)."라고 대답하는 시범을 보인다.
- 유아에게 교사를 모방하여 "꾸중을 들었어요(혼났어요)."라고 대답해 보라고 한다.
- 대답하지 못하면 풍선을 놓친 그림을 지도한 것과 같은 방법으로 지도한다.
- 수행되면 다음에 무슨 일이 생길지 말할 수 있는 다양한 그림을 제시한 후 유아 스스로 다음에 무슨 일이 생길지 말해 보라고 한다.
- 수행되면 유아의 특성에 맞는 적절한 강화제를 제공한다.

6~7
세

6~7
세

147 '그래서' 사용하기

6~7세

목표 | '그래서'를 사용하여 말할 수 있다.

자료 | 두 장면이 있는 여러 개의 그림카드, 강화제

방법 ❶

- 교사가 예를 들어 눈이 오고 있는 그림과 눈사람을 만들고 있는 그림 등을 유아에게 제시한 후 '그래서'를 사용하여 말하는 시범을 보인다.
- 유아에게 교사를 모방하여 '그래서'를 사용하여 말해 보라고 한다.
- 수행되면 유아 스스로 '그래서'를 사용하여 말해 보라고 한다.
- 수행되면 교사가 다양한 상황 및 그림을 제시한 후 유아 스스로 '그래서'를 사용하여 말해 보라고 한다.
- 수행되면 유아의 특성에 맞는 적절한 강화제를 제공한다.

방법 ❷

- 교사가 예를 들어 눈이 오고 있는 그림과 눈사람을 만들고 있는 그림을 유아에게 제시한다.
- 교사가 '그래서'를 사용하여 "눈이 오고 있어요. 그래서 눈사람을 만들었어요."라고 말하는 시범을 보인다.
- 유아에게 교사를 모방하여 "그래서."를 말해 보라고 한다.
- 말하지 못하면 교사가 "그래서."를 반복하여 말해 준 후 유아에게 "그래서."를 말해 보라고 한다.
- 수행되면 교사가 "그."라고 첫소리를 말해 준 후 유아에게 "그래서."를 말해 보라고 한다.
- 도움을 점차 줄여 간다.

- 수행되면 유아 스스로 "그래서."를 말해 보라고 한다.
- 수행되면 교사가 "눈이 오고 있어요. 그래서."라고 말해 준 후 유아에게 "눈사람을 만들었어요."라고 말해 보라고 한다.
- 수행되면 교사가 "눈이 오고 있어요."라고 말해 준 후 유아에게 "그래서 눈사람을 만들었어요."라고 말해 보라고 한다.
- 수행되면 교사가 "눈이 오고."라고 말해 준 후 유아에게 "있어요. 그래서 눈사람을 만들었어요."라고 말해 보라고 한다.
- 수행되면 교사가 "눈이."라고 말해 준 후 유아에게 "눈이 오고 있어요. 그래서 눈사람을 만들었어요."라고 말해 보라고 한다.
- 도움을 점차 줄여 간다.
- 수행되면 교사가 눈이 오고 있는 그림과 눈사람을 만들고 있는 그림을 제시할 때 유아 스스로 "눈이 오고 있어요. 그래서 눈사람을 만들었어요."라고 말해 보라고 한다.
- 수행되면 교사가 예를 들어 자전거를 타다 넘어진 그림과 큰 소리로 우는 그림을 제시한다.
- 교사가 '그래서'를 사용하여 "상원이가 자전거를 타다가 넘어졌어요. 그래서 상원이는 큰 소리로 울었어요."라고 말하는 시범을 보인다.
- 유아에게 교사를 모방하여 "상원이가 자전거를 타다가 넘어졌어요. 그래서 상원이는 큰 소리로 울었어요."라고 말해 보라고 한다.
- 말하지 못하면 교사가 눈이 와서 눈사람을 만드는 그림을 지도한 것과 같은 방법으로 지도한다.
- 수행되면 교사가 다양한 상황 및 그림을 제시한 후 유아 스스로 '그래서'를 사용하여 말해 보라고 한다.
- 수행되면 유아의 특성에 맞는 적절한 강화제를 제공한다.

눈이 오고 있어요.

눈사람을 만들었어요.

상원이가 자전거를
타다가 넘어졌어요.

상원이는
큰 소리로 울었어요.

무더운 여름이 왔어요.

범수는 바닷가에서
수영을 했어요.

현정이는 밤에 일찍 잤어요.

현정이는 아침에
일찍 일어났어요.

148 '그런데' 사용하기

6~7세

목표 | '그런데'를 사용하여 말할 수 있다.

자료 | 두 장면의 그림카드들, 강화제

방법 ❶

- 교사가 '그런데'를 사용하여 말하는 시범을 보인다.
- 유아에게 교사를 모방하여 '그런데'를 사용하여 말해 보라고 한다.
- 수행되면 다양한 두 장면의 그림을 제시한 후 유아 스스로 '그런데'를 사용하여 말해 보라고 한다.
- 수행되면 유아의 특성에 맞는 적절한 강화제를 제공한다.

방법 ❷

- 교사가 예를 들어 친구에게 선물 받은 장면과 선물을 풀어 보니 사탕 하나만 들어 있는 장면을 유아에게 제시한다.
- 교사가 두 장면의 그림을 보고 '그런데'를 사용하여 "친구에게 선물을 받았어요. 그런데 선물을 열어 보니 사탕 한 개만 있었어요."라고 말하는 시범을 보인다.
- 유아에게 교사를 모방하여 두 장면의 그림을 보고 "친구에게 선물을 받았어요. 그런데 선물을 열어 보니 사탕 한 개만 있었어요."라고 말해 보라고 한다.
- 말하지 못하면 교사가 "그런데."를 반복하여 말해 준 후 유아에게 교사를 모방하여 "그런데."를 말해 보라고 한다.
- 수행되면 교사가 "그."라고 첫소리를 말해 준 후 유아에게 "그런데."를 말해 보라고 한다.
- 수행되면 유아 스스로 "그런데."를 말해 보라고 한다.
- 수행되면 교사가 "친구에게 선물을 받았어요. 그런데 선물을 열어 보니 사탕 한

개만."이라고 말해 준 후 유아에게 "있었어요."라고 말해 보라고 한다.

- 수행되면 교사가 "친구에게 선물을 받았어요. 그런데 선물을 열어 보니."라고 말해 준 후 유아에게 "사탕 한 개만 있었어요."라고 말해 보라고 한다.
- 수행되면 교사가 "친구에게 선물을 받았어요. 그런데."라고 말해 준 후 유아에게 "선물을 열어 보니 사탕 한 개만 있었어요."라고 말해 보라고 한다.
- 수행되면 교사가 "친구에게 선물을 받았어요."라고 말해 준 후 유아에게 "그런데 선물을 열어 보니 사탕 한 개만 있었어요."라고 말해 보라고 한다.
- 수행되면 교사가 "친구에게."라고 말해 준 후 유아에게 "선물을 받았어요. 그런데 선물을 열어 보니 사탕 한 개만 있었어요."라고 말해 보라고 한다.
- 도움을 점차 줄여 간다.
- 수행되면 유아 스스로 "친구에게 선물을 받았어요. 그런데 선물을 열어 보니 사탕 한 개만 있었어요."라고 말해 보라고 한다.
- 수행되면 교사가 예를 들어 고양이가 책을 읽으면서 포도를 먹는 장면과 포도가 없는 장면을 유아에게 제시한다.
- 교사가 두 장면의 그림을 보고 '그런데'를 사용하여 "고양이가 책을 읽으면서 포도를 먹고 있어요. 그런데 생쥐가 몰래 포도를 먹어서 포도가 없어요."라고 말하는 시범을 보인다.
- 유아에게 교사를 모방하여 두 장면의 그림을 보고 "고양이가 책을 읽으면서 포도를 먹고 있어요. 그런데 생쥐가 몰래 포도를 먹어서 포도가 없어요."라고 말해 보라고 한다.
- 말하지 못하면 친구에게 선물 받은 장면과 선물을 풀어 보니 사탕 하나만 들어 있는 장면을 지도한 것과 같은 방법으로 지도한다.
- 수행되면 교사가 다양한 상황 및 그림을 제시한 후 유아 스스로 '그런데'를 사용하여 말해 보라고 한다.
- 수행되면 유아의 특성에 맞는 적절한 강화제를 제공한다.

⬇

6~7
세

149 앞에 어떤 장면이 있었을지 말하기 6~7세

목표 | 앞에 어떤 장면이 있었을지 말할 수 있다.

자료 | 첫 장면이 비워진 그림, 강화제

방법 ❶

- 교사가 두 번째, 세 번째, 네 번째 장면의 그림을 제시하고 각 장면을 연결하여 설명해 준 후 유아에게 첫 번째 장면에 어떤 상황이 있었을지 물어본다.
- 대답하지 못하면 교사가 첫 번째 장면을 말하는 시범을 보인다.
- 유아에게 교사를 모방하여 첫 번째 장면을 말해 보라고 한다.
- 수행되면 유아 스스로 첫 번째 장면을 말해 보라고 한다.
- 수행되면 교사가 첫 번째 그림이 비워져 있는 다양한 그림을 제시한 후 유아 스스로 첫 번째 장면을 말해 보라고 한다.
- 수행되면 유아의 특성에 맞는 적절한 강화제를 제공한다.

방법 ❷

- 교사가 예를 들어 공을 차다 신발이 벗겨져서 신발이 강아지의 머리에 맞아 강아지가 신발을 물고 도망가는 장면의 그림을 제시한 후 유아에게 첫 번째 장면에 어떤 상황이 있었을지 물어본다.
- 대답하지 못하면 교사가 "공을 차고 있었어요."라고 대답하는 시범을 보인다.
- 유아에게 교사를 모방하여 "공을 차고 있었어요."라고 대답해 보라고 한다.
- 대답하지 못하면 교사가 "공을 차고."라고 말해 준 후 유아에게 "있었어요."라고 말해 보라고 한다.
- 수행되면 교사가 "공을."이라고 말해 준 후 유아에게 "차고 있었어요."라고 말해 보라고 한다.

- 수행되면 교사가 "공."이라고 첫소리를 말해 준 후 유아에게 "공을 차고 있었어요."라고 대답해 보라고 한다.
- 도움을 점차 줄여 간다.
- 수행되면 교사가 첫 번째 장면에 어떤 상황이 있었을지 물어볼 때 유아 스스로 "공을 차고 있었어요."라고 대답해 보라고 한다.
- 수행되면 교사가 예를 들어 놀이터에서 모래로 모양을 만들고 있는데 비가 와서 미끄럼틀 밑에서 비를 피하고 있다가 비가 그친 후 보니 모래로 만든 모양이 무너져 있는 장면의 그림을 제시한 후 유아에게 첫 번째 장면에 어떤 상황이 있었을지 물어본다.
- 대답하지 못하면 교사가 "놀이터에서 모래 놀이를 하고 있었어요."라고 대답하는 시범을 보인다.
- 유아에게 교사를 모방하여 "놀이터에서 모래 놀이를 하고 있었어요."라고 대답해 보라고 한다.
- 대답하지 못하면 공을 차고 있는 것을 지도한 것과 같은 방법으로 지도한다.
- 수행되면 교사가 첫 번째 장면에 어떤 상황이 있었을지 물어볼 때 유아 스스로 "놀이터에서 모래 놀이를 하고 있었어요."라고 대답해 보라고 한다.
- 수행되면 교사가 첫 번째 그림이 비워져 있는 다양한 그림을 제시한 후 유아 스스로 첫 번째 장면을 말해 보라고 한다.
- 수행되면 유아의 특성에 맞는 적절한 강화제를 제공한다.

☞ 유아의 상태에 따라 두 장면의 그림 혹은 세 장면의 그림을 제시한 후 앞에 어떤 장면이 있었을지 말하도록 지도해도 된다.

150 '~할 수 있을 텐데' 말하기

6~7세

목표 | '~할 수 있을 텐데'를 말할 수 있다.

자료 | 그림자료, 강화제

방법 ❶

- 교사가 예를 들어 유아가 산타가 된 그림, 의사가 된 그림 등을 제시한다.
- 교사가 각 그림을 보면서 '~할 수 있을 텐데'를 말하는 시범을 보인다.
- 유아에게 교사를 모방하여 각 그림을 보면서 '~할 수 있을 텐데'를 말해 보라고 한다.
- 수행되면 유아 스스로 각 그림을 보면서 '~할 수 있을 텐데'를 말해 보라고 한다.
- 수행되면 유아의 특성에 맞는 적절한 강화제를 제공한다.

방법 ❷

- 교사가 예를 들어 유아가 산타가 된 그림을 제시한 후 "산타라면 친구에게 선물을 할 수 있을 텐데."라고 말하는 시범을 보인다.
- 유아에게 교사를 모방하여 "산타라면 친구에게 선물을 할 수 있을 텐데."라고 말해 보라고 한다.
- 말하지 못하면 교사가 "산타라면 친구에게 선물을."이라고 말해 준 후 유아에게 "할 수 있을 텐데."라고 말해 보라고 한다.
- 수행되면 교사가 "산타라면 친구에게."라고 말해 준 후 유아에게 "선물을 할 수 있을 텐데."라고 말해 보라고 한다.
- 수행되면 교사가 "산타라면."이라고 말해 준 후 유아에게 "친구에게 선물을 할 수 있을 텐데."라고 말해 보라고 한다.
- 수행되면 교사가 "산타."라고 말해 준 후 유아에게 "산타라면 친구에게 선물을 할

수 있을 텐데."라고 말해 보라고 한다.

- 도움을 점차 줄여 간다.
- 수행되면 유아가 산타가 된 그림을 제시할 때 유아 스스로 "산타라면 친구에게 선물을 할 수 있을 텐데."라고 말해 보라고 한다.
- 수행되면 교사가 예를 들어 유아가 의사가 된 그림을 제시한 후 "의사라면 아픈 친구를 치료할 수 있을 텐데."라고 말하는 시범을 보인다.
- 유아에게 교사를 모방하여 "의사라면 아픈 친구를 치료할 수 있을 텐데."라고 말해 보라고 한다.
- 말하지 못하면 '산타'를 지도한 것과 같은 방법으로 지도한다.
- 수행되면 교사가 다양한 그림을 제시한 후 유아 스스로 각 그림을 보면서 '~할 수 있을 텐데'를 말해 보라고 한다.
- 수행되면 유아의 특성에 맞는 적절한 강화제를 제공한다.

6~7 세

151 세 장면 연결하여 말하기

6~7세

목표 | 세 장면을 연결하여 말할 수 있다.

자료 | 세 장면의 그림자료, 강화제

방법 ❶

- 교사가 세 장면의 그림을 순서대로 제시한 후 세 장면을 연결하여 말하는 시범을 보인다.
- 유아에게 교사를 모방하여 세 장면을 연결하여 말해 보라고 한다.
- 수행되면 유아 스스로 세 장면을 연결하여 말해 보라고 한다.
- 수행되면 교사가 세 장면의 그림 위치를 다양하게 바꾸어 제시한 후 유아에게 세 장면을 연결하여 말해 보라고 한다.
- 수행되면 유아의 특성에 맞는 적절한 강화제를 제공한다.

방법 ❷

- 교사가 예를 들어 우산을 들고 가다가 비가 와서 우산을 쓰고 가는데 강아지가 비를 맞고 있는 것을 발견한 그림을 제시한다.
- 교사가 세 장면을 연결하여 "우산을 들고 가다가 비가 와서 우산을 쓰고 가는데 비를 맞고 있는 강아지를 봤어요(강아지가 비를 맞고 있었어요)."라고 말하는 시범을 보인다.
- 유아에게 교사를 모방하여 세 장면을 연결하여 "우산을 들고 가다가 비가 와서 우산을 쓰고 가는데 비를 맞고 있는 강아지를 봤어요(강아지가 비를 맞고 있었어요)."라고 말해 보라고 한다.
- 말하지 못하면 교사가 첫 번째 장면을 제시한 후 "우산을 들고 가요(가고 있어요)."라고 말하는 시범을 보인다.
- 유아에게 교사를 모방하여 "우산을 들고 가요(가고 있어요)."라고 말해 보라고 한다.

- 수행되면 교사가 "우산을."이라고 말해 준 후 유아에게 "들고 가요."라고 말해 보라고 한다.
- 수행되면 교사가 "우산."이라고 말해 준 후 유아에게 "우산을 들고 가요."라고 말해 보라고 한다.
- 도움을 점차 줄여 간다.
- 수행되면 유아 스스로 "우산을 들고 가요."라고 말해 보라고 한다.
- 수행되면 교사가 두 번째 장면을 제시한 후 "비가 와서 우산을 쓰고 가요."라고 말하는 시범을 보인다.
- 유아에게 교사를 모방하여 "비가 와서 우산을 쓰고 가요."라고 말해 보라고 한다.
- 말하지 못하면 '첫 번째' 장면을 지도한 것과 같은 방법으로 지도한다.
- 수행되면 유아 스스로 "비가 와서 우산을 쓰고 가요."라고 말해 보라고 한다.
- 수행되면 교사가 첫 번째와 두 번째 장면을 제시한 후 두 장면을 연결하여 "우산을 들고 가다가 비가 와서 우산을 쓰고 가요."라고 말하는 시범을 보인다.
- 유아에게 교사를 모방하여 두 장면을 연결하여 "우산을 들고 가다가 비가 와서 우산을 쓰고 가요."라고 말해 보라고 한다.
- 수행되면 유아 스스로 두 장면을 연결하여 "우산을 들고 가다가 비가 와서 우산을 쓰고 가요."라고 말해 보라고 한다.
- 수행되면 교사가 세 번째 장면의 그림을 제시한 후 "비를 맞고 있는 강아지를 봤어요(강아지가 비를 맞고 있었어요)."라고 말하는 시범을 보인다.
- 유아에게 교사를 모방하여 "비를 맞고 있는 강아지를 봤어요(강아지가 비를 맞고 있었어요)."라고 말해 보라고 한다.
- 말하지 못하면 '첫 번째' 장면을 지도한 것과 같은 방법으로 지도한다.
- 수행되면 유아 스스로 "비를 맞고 있는 강아지를 봤어요."라고 말해 보라고 한다.
- 수행되면 교사가 세 장면을 연결하여 "우산을 들고 가다가 비가 와서 우산을 쓰고 가는 데 비를 맞고 있는 강아지를 봤어요(강아지가 비를 맞고 있었어요)."라고 말해 준 후 유아에게 교사와 똑같이 말해 보라고 한다.

- 수행되면 유아 스스로 "우산을 들고 가다가 비가 와서 우산을 쓰고 가는데 비를 맞고 있는 강아지를 봤어요."라고 말해 보라고 한다.
- 수행되면 다른 세 장면의 그림들도 같은 방법으로 지도한다.
- 수행되면 교사가 세 장면의 그림 위치를 다양하게 바꾸어 제시 한 후 유아에게 세 장면을 연결하여 말해 보라고 한다.
- 수행되면 유아의 특성에 맞는 적절한 강화제를 제공한다.

6~7
세

6~7 세

152 첫 번째, 가운데, 마지막 위치 명 말하기

6~7세

목표 | 첫 번째, 가운데, 마지막 위치 명을 말할 수 있다.

자료 | 장난감 세 개, 블록 또는 컵 세 개 등 그림자료, 강화제

방법 ❶

- 교사가 장난감 세 개를 제시한 후 각 장난감을 가리키며 "첫 번째, 가운데, 마지막."이라고 말하는 시범을 보인다.
- 유아에게 교사를 모방하여 각 장난감을 세면서 "첫 번째, 가운데, 마지막."이라고 말해 보라고 한다.
- 수행되면 유아 스스로 각 장난감을 세면서 "첫 번째, 가운데, 마지막."이라고 말해 보라고 한다.
- 수행되면 유아의 특성에 맞는 적절한 강화제를 제공한다.

방법 ❷

- 교사가 예를 들어 첫 번째는 자동차, 가운데는 비행기, 마지막은 기차를 제시한 후 각 장난감을 가리키며 "첫 번째, 가운데, 마지막."이라고 말하는 시범을 보인다.
- 유아에게 교사를 모방하여 각 장난감을 세면서 "첫 번째, 가운데, 마지막."이라고 말해 보라고 한다.
- 말하지 못하면 교사가 "자동차는 몇 번째 있어요?"라고 물어본 후 "첫 번째."라고 말하는 시범을 보인다.
- 교사가 "자동차는 몇 번째 있어요?"라고 물어볼 때 유아에게 교사를 모방하여 "첫 번째."라고 말해 보라고 한다.
- 말하지 못하면 교사가 "첫 번째."라고 반복하여 말해 준 후 유아에게 "첫 번째."라고 말해 보라고 한다.
- 수행되면 교사가 "첫."이라고 첫 번째 소리를 말해 준 후 유아에게 "첫 번째."라고

말해 보라고 한다.

- 도움을 점차 줄여 간다.
- 수행되면 교사가 "자동차는 몇 번째 있어요?"라고 물어볼 때 유아 스스로 "첫 번째."라고 말해 보라고 한다.
- 수행되면 교사가 "비행기는 어디 있어요?"라고 물어본 후 "가운데."라고 말하는 시범을 보인다.
- 교사가 "비행기는 어디 있어요?"라고 물어볼 때 유아에게 교사를 모방하여 "가운데."라고 말해 보라고 한다.
- 말하지 못하면 '첫 번째'를 지도한 것과 같은 방법으로 지도한다.
- 수행되면 '마지막'도 같은 방법으로 지도한다.
- 수행되면 교사가 같은 물건(예: 컵 또는 자동차) 세 개를 제시한 후 유아 스스로 각 물건을 세면서 "첫 번째, 가운데, 마지막."이라고 말해 보라고 한다.
- 수행되면 유아의 특성에 맞는 적절한 강화제를 제공한다.

☞ 장난감 등 각기 다른 종류의 물건(예: 첫 번째는 자동차, 가운데는 비행기, 마지막은 블록 등)으로 첫 번째, 가운데, 마지막을 지도한 경우에는 물건을 보고 첫 번째, 가운데, 마지막을 수행할 수 있으므로 반드시 위치를 바꾸어 확인하거나 같은 물건 세 개(예: 모양과 색깔, 크기가 같은 컵 세 개)를 제시하여 수행 여부를 확인하도록 한다.

153 첫소리가 같은 사물 말하기

6~7세

목표 | 첫소리가 같은 사물을 말할 수 있다.

자료 | 다양한 사물, 강화제

방법 ❶

- 교사가 다양한 사물(예: 사과, 수박, 사탕, 바나나, 바지, 우유)을 제시한 후 첫소리가 같은 사물과 다른 사물을 설명해 준다.
- 교사가 다양한 사물 중 첫소리가 같은 사물을 말하는 시범을 보인다.
- 유아에게 교사를 모방하여 첫소리가 같은 사물을 말해 보라고 한다.
- 수행되면 유아 스스로 첫소리가 같은 사물을 말해 보라고 한다.
- 수행되면 유아의 특성에 맞는 적절한 강화제를 제공한다.

방법 ❷

- 교사가 다양한 사물(예: 사과, 수박, 사탕, 바나나, 바지, 우유)을 제시한 후 첫소리가 같은 사물과 다른 사물을 설명해 준다.
- 교사가 예를 들어 사과, 수박, 사탕, 사자를 제시한 후 첫소리가 같은 것은 "사과, 사탕, 사자."라고 말하는 시범을 보인다.
- 유아에게 교사를 모방하여 첫소리가 같은 것은 "사과, 사탕, 사자."라고 말해 보라고 한다.
- 말하지 못하면 교사가 "사과, 사탕."이라고 말해 준 후 유아에게 "사자."라고 말해 보라고 한다.
- 수행되면 교사가 "사과."라고 말해 준 후 유아에게 "사탕, 사자."라고 말해 보라고 한다.
- 수행되면 교사가 "사."라고 첫소리를 말해 준 후 유아에게 "사과, 사탕, 사자."라고

말해 보라고 한다.

- 도움을 점차 줄여 간다.
- 수행되면 교사가 첫소리가 같은 사물을 말해 보라고 할 때 유아 스스로 "사과, 사탕, 사자."라고 말해 보라고 한다.
- 수행되면 교사가 예를 들어 바나나, 바지, 우유, 바구니를 제시한 후 첫소리가 같은 것은 "바나나, 바지, 바구니."라고 말하는 시범을 보인다.
- 유아에게 교사를 모방하여 첫소리가 같은 것은 "바나나, 바지, 바구니."라고 말해 보라고 한다.
- 말하지 못하면 '사과, 사탕, 사과'를 지도한 것과 같은 방법으로 지도한다.
- 수행되면 교사가 다양한 사물을 제시한 후 첫소리가 같은 사물을 말해 보라고 할 때 유아 스스로 첫소리가 같은 사물을 말할 수 있는지 확인한다.
- 수행되면 유아의 특성에 맞는 적절한 강화제를 제공한다.

☞ 수행되면 확인을 위해 그림을 제시한 후 첫소리가 같은 그림에 동그라미를 그리게 하거나 스티커 붙이기, 또는 도장을 찍으면서 첫소리가 같은 것을 말하도록 지도하는 방법도 있다. 특히 시판되고 있는 도장은 동물 모양이나 과일, 수 등 다양한 그림들이 새겨져 있어 유아들이 흥미 있게 과제를 수행하는 데 도움이 될 수 있다.

☞ 각 사물의 사진 및 그림을 오려서 코팅하거나 다음 그림을 복사하여 코팅한 후 교구로 제작하여 사용하면 편리하다. 각 사물의 그림 뒷면에는 까슬이를 붙이고, 하드보드지에 는 보슬이를 붙이면 된다. 쉽게 붙였다 뗐다 할 수 있으므로 위치를 다양하게 바꾸어 지도할 수 있어 활용도가 높다. 하드보드지와 코팅지는 문구점에서 구입할 수 있다.

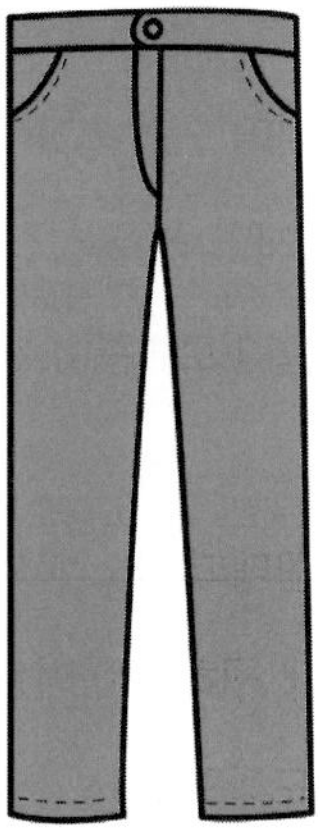

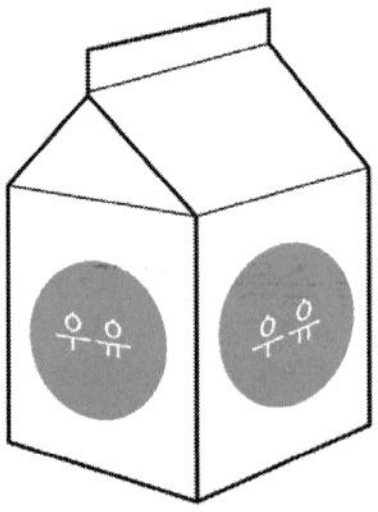
우유
우유

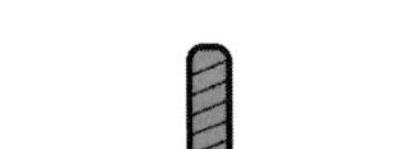

154 단위 명칭 말하기 6~7세

목표 | 단위 명칭을 말할 수 있다.

자료 | 단위로 셀 수 있는 사물의 모형 및 그림, 강화제

방법 ❶

- 교사가 인형(사람), 자동차, 동물, 색종이, 책, 연필, 꽃 등을 제시한 후 각 물건을 세는 단위를 간단하게 설명해 준다.
- 교사가 인형(사람)을 가리키며 "명.", 자동차를 가리키며 "대.", 동물을 가리키며 "마리.", 색종이를 가리키며 "장.", 책을 가리키며 "권.", 연필을 가리키며 "자루.", 꽃을 가리키며 "송이."라고 말하는 시범을 보인다.
- 유아에게 교사를 모방하여 각 단위 명칭을 말해 보라고 한다.
- 수행되면 유아 스스로 각 사물을 가리키며 단위 명칭을 말해 보라고 한다.
- 수행되면 유아의 특성에 맞는 적절한 강화제를 제공한다.

방법 ❷

- 교사가 인형(사람), 자동차, 동물, 색종이, 책, 연필, 꽃 등을 제시한 후 각 물건을 세는 단위를 간단하게 설명해 준다.
- 교사가 예를 들어 인형을 제시한 후 "명."이라고 말하는 시범을 보인다.
- 유아에게 교사를 모방하여 "명."이라고 말해 보라고 한다.
- 말하지 못하면 교사가 "명."이라고 반복하여 말해 준 후 유아에게 "명."이라고 말해 보라고 한다.
- 도움을 점차 줄여 간다.
- 수행되면 교사가 인형(사람)을 세는 명칭을 말해 보라고 할 때 유아 스스로 "명."이라고 말해 보라고 한다.

- 수행되면 교사가 예를 들어 자동차를 제시한 후 "대."라고 말하는 시범을 보인다.
- 유아에게 교사를 모방하여 "대"라고 말해 보라고 한다.
- 말하지 못하면 '명'을 세는 것과 같은 방법으로 지도한다.
- 수행되면 유아 스스로 자동차를 "대."라고 말해 보라고 한다.
- 수행되면 교사가 인형(사람)과 자동차를 제시한 후 유아 스스로 인형(사람)을 가리키며 "명."이라고 말하고, 자동차를 가리키며 "대."라고 말해 보라고 한다.
- 수행되면 다른 사물들을 세는 단위 명칭도 같은 방법으로 지도한다.
- 수행되면 유아 스스로 각 단위 명칭을 말해 보라고 한다.
- 수행되면 유아의 특성에 맞는 적절한 강화제를 제공한다.

방법 ❸

- 교사가 마리, 대, 개, 자루, 송이, 권 등을 연결할 수 있는 그림을 제시한 후 각 물건을 세는 단위를 간단하게 설명해 준다.
- 교사가 예를 들어 말과 기린을 연결하며 "마리."라고 말하는 시범을 보인다.
- 유아에게 교사를 모방하여 말과 기린을 연결하며 "마리."라고 말해 보라고 한다.
- 말하지 못하면 교사가 유아의 손을 잡고 동물을 연결하면서 "마리."라고 말해 준다.
- 교사가 "마리."라고 반복하여 말해 준 후 유아에게 교사를 모방하여 말과 기린을 연결하며 "마리."라고 말해 보라고 한다.
- 도움을 점차 줄여 간다.
- 수행되면 유아 스스로 말과 기린을 연결하며 "마리."라고 말해 보라고 한다.
- 수행되면 교사가 예를 들어 트럭과 자동차를 연결하며 "대."라고 말하는 시범을 보인다.
- 유아에게 교사를 모방하여 트럭과 자동차를 연결하며 "대."라고 말해 보라고 한다.
- 말하지 못하면 '마리'를 연결한 것과 같은 방법으로 지도한다.
- 수행되면 다른 단위 명칭을 세는 물건도 같은 방법으로 지도한다.
- 수행되면 유아 스스로 각 단위 명칭을 연결하면서 단위 명칭을 말해 보라고 한다.

• 수행되면 유아의 특성에 맞는 적절한 강화제를 제공한다.

☞ 수행되면 확인을 위해 그림을 제시한 후 교사가 지시하는 단위 명칭의 그림에 동그라미를 그리게 하거나 스티커 붙이기, 또는 도장을 찍으면서 각 단위 명칭을 말하도록 지도하는 방법도 있다. 특히 시판되고 있는 도장은 동물 모양이나 과일, 수 등 다양한 그림들이 새겨져 있어 유아들이 흥미 있게 과제를 수행하는 데 도움이 될 수 있다.

☞ 각 단위를 셀 수 있는 사진 및 그림을 오려서 코팅하거나 다음 그림을 복사하여 코팅한 후 교구로 제작하여 사용하면 편리하다. 각 단위를 셀 수 그림 뒷면에는 까슬이를 붙이고, 하드보드지에는 보슬이를 붙이면 쉽게 붙였다 뗐다 할 수 있다.

웅이와
엄마한테
갈래!

HELLO
KITTY

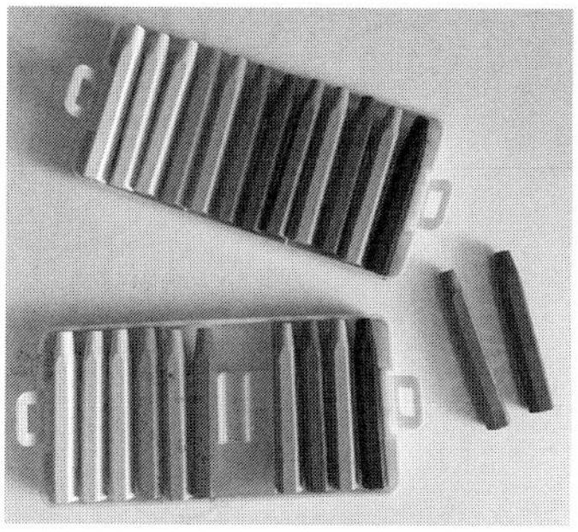

6~7
세

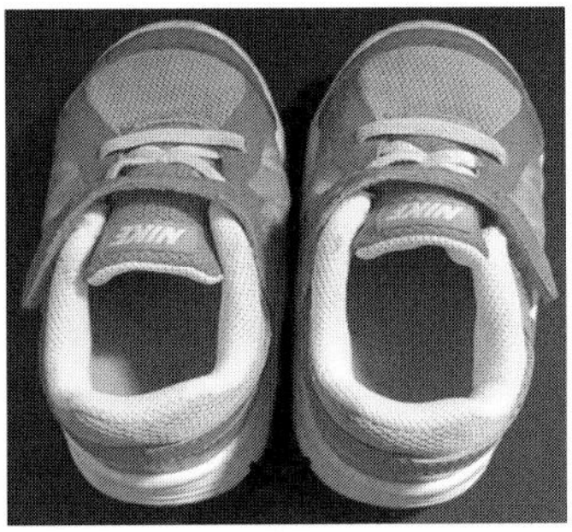

9 2

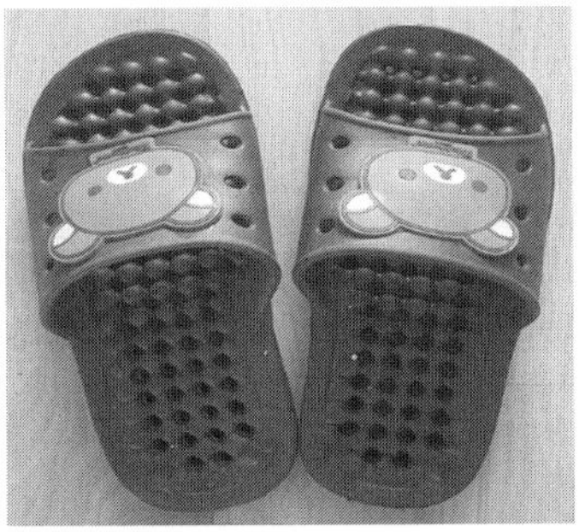

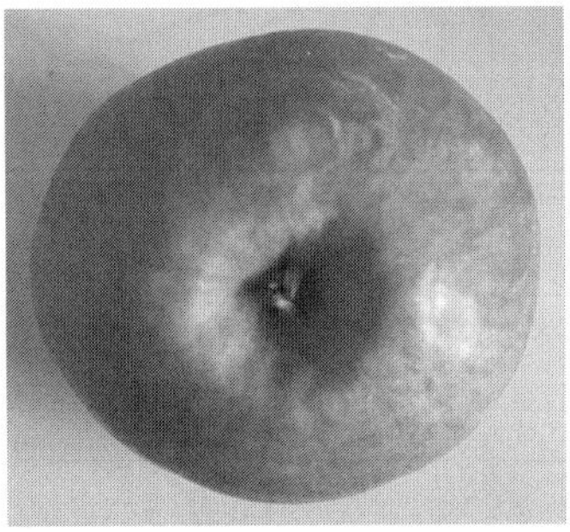

권

마 | 리

대

명

6~7 세

155 각 직업의 역할 말하기

6~7세

목표 | 각 직업의 역할을 말할 수 있다.

자료 | 각 직업 및 직업과 관련된 기구 및 도구 그림, 강화제

방법 ❶

- 교사가 의사, 우체부, 경찰관, 소방관, 선생님, 미용사 등과 관련된 기구 및 도구 그림을 제시한 후 각 직업의 역할을 말하는 시범을 보인다.
- 유아에게 교사를 모방하여 각 직업의 역할을 말해 보라고 한다.
- 수행되면 유아 스스로 각 직업의 역할을 말해 보라고 한다.
- 수행되면 유아의 특성에 맞는 적절한 강화제를 제공한다.

방법 ❷

- 교사가 예를 들어 청진기, 주사기 등을 제시한 후 "의사는 무슨 일을 하나요?"라고 물어본 후 "아픈 사람(환자를)을 치료해요."라고 말하는 시범을 보인다.
- 교사가 "의사는 무슨 일을 하나요?"라고 물어볼 때 유아에게 교사를 모방하여 "아픈 사람(환자를)을 치료해요."라고 말해 보라고 한다.
- 수행되면 교사가 "아픈 사람을."이라고 말해 준 후 유아에게 "치료해요."라고 말해 보라고 한다.
- 수행되면 교사가 "아픈."이라고 말해 준 후 유아에게 "아픈 사람을 치료해요."라고 말해 보라고 한다.
- 수행되면 교사가 아픈 사람을 진찰하는 동작을 보여 주며 유아에게 "아픈 사람을 치료해요."라고 말해 보라고 한다.
- 도움을 점차 줄여 간다.
- 수행되면 교사가 "의사는 무슨 일을 하나요?"라고 물어볼 때 유아 스스로 "아픈

사람을 치료해요."라고 말해 보라고 한다.

- 수행되면 교사가 예를 들어 우체통, 편지 등을 제시한 후 "우체부는 무슨 일을 하나요?"라고 물어본 후 "편지를 전해요."라고 말하는 시범을 보인다.
- 교사가 "우체부는 무슨 일을 하나요?"라고 물어볼 때 유아에게 교사를 모방하여 "편지를 전해요."라고 말해 보라고 한다.
- 말하지 못하면 '의사'를 지도한 것과 같은 방법으로 지도한다.
- 수행되면 다른 직업들도 같은 방법으로 지도한다.
- 수행되면 교사가 각 직업의 역할을 물어볼 때 유아 스스로 각 직업의 역할을 말해 보라고 한다.
- 수행되면 유아의 특성에 맞는 적절한 강화제를 제공한다.

우체통

119

156 친숙한 운동 종목 말하기

6~7세

목표 | 친숙한 운동 종목을 말할 수 있다.

자료 | 운동 종목 그림카드, 강화제

방법 ❶

- 교사가 친숙한 운동 종목(예: 수영, 축구, 태권도, 야구)과 관련된 그림을 제시한 후 운동 종목을 말하는 시범을 보인다.
- 유아에게 교사를 모방하여 친숙한 운동 종목을 말해 보라고 한다.
- 수행되면 교사가 친숙한 운동 종목과 관련된 그림을 제시할 때 유아 스스로 친숙한 운동 종목을 말해 보라고 한다.
- 수행되면 유아의 특성에 맞는 적절한 강화제를 제공한다.

방법 ❷

- 교사가 예를 들어 수영하는 그림을 제시한 후 "수영."이라고 말하는 시범을 보인다.
- 유아에게 교사를 모방하여 "수영."이라고 말해 보라고 한다.
- 수행되면 교사가 "수."라고 첫소리를 말해 준 후 유아에게 "수영."이라고 말해 보라고 한다.
- 수행되면 교사가 수영하는 동작을 보여 주며 유아에게 "수영."이라고 말해 보라고 한다.
- 도움을 점차 줄여 간다.
- 수행되면 교사가 수영하는 그림을 제시할 때 유아 스스로 "수영."이라고 말해 보라고 한다.
- 수행되면 교사가 예를 들어 축구하는 그림을 제시한 후 "축구."라고 말하는 시범을 보인다.

- 유아에게 교사를 모방하여 "축구."라고 말해 보라고 한다.
- 말하지 못하면 '수영'을 지도한 것과 같은 방법으로 지도한다.
- 수행되면 교사가 친숙한 운동 종목과 관련된 그림을 제시할 때 유아 스스로 친숙한 운동 종목을 말해 보라고 한다.
- 수행되면 유아의 특성에 맞는 적절한 강화제를 제공한다.

157 네 장면 연결하여 말하기

6~7세

목표 | 네 장면을 연결하여 말할 수 있다.

자료 | 네 장면의 그림자료, 강화제

방법 ❶

- 교사가 네 장면의 그림을 순서대로 제시한 후 네 장면을 연결하여 말하는 시범을 보인다.
- 유아에게 교사를 모방하여 네 장면을 연결하여 말해 보라고 한다.
- 수행되면 유아 스스로 네 장면을 연결하여 말해 보라고 한다.
- 수행되면 유아의 특성에 맞는 적절한 강화제를 제공한다.

방법 ❷

- 교사가 예를 들어 공을 차다가 유리창을 깨뜨려서 친구는 도망가고 혼자 남았는데 칭찬을 받는 네 장면의 그림을 제시한다.
- 교사가 네 장면을 연결하여 "공을 차다가 유리창을 깨뜨려서 친구는 도망가고 혼자 남았는데 칭찬을 받았어요."라고 말하는 시범을 보인다.
- 유아에게 교사를 모방하여 네 장면을 연결하여 "공을 차다가 유리창을 깨뜨려서 친구는 도망가고 혼자 남았는데 칭찬을 받았어요."라고 말해 보라고 한다.
- 말하지 못하면 교사가 첫 번째 장면을 제시한 후 "공을 차고 있어요."라고 말하는 시범을 보인다.
- 유아에게 교사를 모방하여 "공을 차고 있어요."라고 말해 보라고 한다.
- 수행되면 교사가 "공을 차고."라고 말해 준 후 유아에게 "있어요."라고 말해 보라고 한다.
- 수행되면 교사가 "공을."이라고 말해 준 후 유아에게 "차고 있어요."라고 말해 보

라고 한다.

- 수행되면 교사가 “공.”이라고 첫소리를 말해 준 후 유아에게 “공을 차고 있어요.”라고 말해 보라고 한다.
- 수행되면 교사가 공을 차는 동작을 보여 주며 유아에게 “공을 차고 있어요.”라고 말해 보라고 한다.
- 도움을 점차 줄여 간다.
- 수행되면 유아 스스로 “공을 차고 있어요.”라고 말해 보라고 한다.
- 수행되면 교사가 두 번째 장면을 제시한 후 “유리창을 깨뜨렸어요.”라고 말하는 시범을 보인다.
- 유아에게 교사를 모방하여 “유리창을 깨뜨렸어요.”라고 말해 보라고 한다.
- 말하지 못하면 ‘첫 번째’ 장면을 지도한 것과 같은 방법으로 지도한다.
- 수행되면 유아 스스로 “유리창을 깨뜨렸어요.”라고 말해 보라고 한다.
- 수행되면 교사가 첫 번째와 두 번째 장면을 제시한 후 두 장면을 연결하여 “공을 차다가 유리창을 깨뜨렸어요.”라고 말하는 시범을 보인다.
- 유아에게 교사를 모방하여 두 장면을 연결하여 “공을 차다가 유리창을 깨뜨렸어요.”라고 말해 보라고 한다.
- 수행되면 유아 스스로 두 장면을 연결하여 “공을 차다가 유리창을 깨뜨렸어요.”라고 말해 보라고 한다.
- 수행되면 교사가 세 번째 장면의 그림을 제시한 후 “친구는 도망갔어요.”라고 말하는 시범을 보인다.
- 유아에게 교사를 모방하여 “친구는 도망갔어요.”라고 말해 보라고 한다.
- 말하지 못하면 ‘첫 번째’ 장면을 지도한 것과 같은 방법으로 지도한다.
- 수행되면 유아 스스로 “친구는 도망갔어요.”라고 말해 보라고 한다.
- 수행되면 교사가 세 장면을 연결하여 “공을 차다가 유리창을 깨뜨려서 친구는 도망갔어요.”라고 말해 준 후 유아에게 교사를 모방하여 말해 보라고 한다.
- 수행되면 유아 스스로 세 장면을 연결하여 “공을 차다가 유리창을 깨뜨려서 친구

는 도망갔어요."라고 말해 보라고 한다.

- 수행되면 교사가 네 번째 장면의 그림을 제시한 후 "혼자 남았는데 칭찬을 받았어요."라고 말하는 시범을 보인다.
- 유아에게 교사를 모방하여 "혼자 남았는데 칭찬을 받았어요."라고 말해 보라고 한다.
- 말하지 못하면 '첫 번째' 장면을 지도한 것과 같은 방법으로 지도한다.
- 수행되면 유아 스스로 "혼자 남았는데 칭찬을 받았어요."라고 말해 보라고 한다.
- 수행되면 교사가 네 장면을 연결하여 "공을 차다가 유리창을 깨뜨려서 친구는 도망갔고 혼자 남았는데 칭찬을 받았어요."라고 말해 준 후 유아에게 교사를 모방하여 말해 보라고 한다.
- 수행되면 유아 스스로 네 장면을 연결하여 "공을 차다가 유리창을 깨뜨려서 친구는 도망갔고 혼자 남았는데 칭찬을 받았어요."라고 말해 보라고 한다.
- 수행되면 다른 네 장면의 그림들도 같은 방법으로 지도한다.
- 수행되면 유아의 특성에 맞는 적절한 강화제를 제공한다.

방법 ❸

- 교사가 예를 들어 공을 차다가 유리창을 깨뜨려서 친구는 도망가고 혼자 남았는데 칭찬을 받는 네 장면의 그림을 제시한다.
- 교사가 첫 번째 장면을 제시한 후 "공을 차고 있어요."라고 말하는 시범을 보인다.
- 유아에게 교사를 모방하여 "공을 차고 있어요."라고 말해 보라고 한다.
- 수행되면 교사가 "공을 차고."라고 말해 준 후 유아에게 "있어요."라고 말해 보라고 한다.
- 수행되면 교사가 "공을."이라고 말해 준 후 유아에게 "차고 있어요."라고 말해 보라고 한다.
- 수행되면 교사가 "공."이라고 첫소리를 말해 준 후 유아에게 "공을 차고 있어요."라고 말해 보라고 한다.

- 도움을 점차 줄여 간다.
- 수행되면 유아 스스로 "공을 차고 있어요."라고 말해 보라고 한다.
- 수행되면 교사가 첫 번째와 두 번째 그림을 제시한 후 두 장면을 연결하여 "공을 차다가 유리창을 깨뜨렸어요."라고 말하는 시범을 보인다.
- 유아에게 교사를 모방하여 두 장면을 연결하여 "공을 차다가 유리창을 깨뜨렸어요."라고 말해 보라고 한다.
- 수행되면 유아 스스로 첫 번째 장면을 말하게 하고 교사가 "유리창을."이라고 말해 준 후 유아에게 "깨뜨렸어요."라고 말해 보라고 한다.
- 수행되면 유아 스스로 첫 번째 장면을 말하게 하고 교사가 "유리창."이라고 말해 준 후 유아에게 "유리창을 깨뜨렸어요."라고 말해 보라고 한다.
- 도움을 점차 줄여 간다.
- 수행되면 유아 스스로 두 장면을 연결하여 "공을 차다가 유리창을 깨뜨렸어요."라고 말해 보라고 한다.
- 수행되면 교사가 세 장면의 그림을 제시한 후 "공을 차다가 유리창을 깨뜨려서 친구는 도망갔어요."라고 말하는 시범을 보인다.
- 유아에게 교사를 모방하여 "공을 차다가 유리창을 깨뜨려서 친구는 도망갔어요."라고 말해 보라고 한다.
- 말하지 못하면 '두 장면'을 지도한 것과 같은 방법으로 지도한다.
- 수행되면 '네 장면'도 같은 방법으로 지도한다.
- 수행되면 다양한 장면의 그림들도 같은 방법으로 지도한다.
- 수행되면 교사가 네 장면의 그림 위치를 다양하게 바꾸어 제시한 후 유아에게 네 장면을 연결하여 말해 보라고 한다
- 수행되면 유아의 특성에 맞는 적절한 강화제를 제공한다.

☞ 방법 ❷는 각 장면을 지도한 후 연결하여 말할 수 있도록 지도하는 방법이고, 방법 ❸은 한 장면이 수행되면 다음 장면과 연결하여 지도하는 방법이다. 그러므로 유아의 특성을 고려하여 유

아에게 더 적절한 방법으로 지도하면 된다.

☞ 네 장면의 그림을 오려서 코팅하거나 다음 그림을 복사하여 코팅한 후 교구로 제작하여 사용하면 편리하다. 네 장면의 그림 뒷면에는 까슬이를 붙이고, 하드보드지에는 보슬이를 붙이면 된다. 쉽게 붙였다 뗐다 할 수 있어 위치 이동이 용이하다.

꽈당

158 끝소리가 같은 사물 말하기

6~7세

목표 | 끝소리가 같은 사물을 말할 수 있다.

자료 | 다양한 사물, 강화제

방법 ❶

- 교사가 다양한 사물(예: 강아지, 돼지, 모자, 바지, 호랑이, 고양이, 토끼 등)을 제시한 후 끝소리가 같은 사물과 다른 사물을 설명해 준다.
- 교사가 다양한 사물 중 끝소리가 같은 사물을 말하는 시범을 보인다.
- 유아에게 교사를 모방하여 끝소리가 같은 사물을 말해 보라고 한다.
- 수행되면 유아 스스로 끝소리가 같은 사물을 말해 보라고 한다.
- 수행되면 유아의 특성에 맞는 적절한 강화제를 제공한다.

방법 ❷

- 교사가 다양한 사물(예: 강아지, 돼지, 모자, 바지, 호랑이, 고양이, 토끼 등)을 제시한 후 끝소리가 같은 사물과 다른 사물을 설명해 준다.
- 교사가 예를 들어 강아지, 돼지, 모자, 바지를 제시한 후 끝소리가 같은 것은 "강아지, 돼지, 바지."라고 말하는 시범을 보인다.
- 유아에게 교사를 모방하여 끝소리가 같은 것은 "강아지, 돼지, 바지."라고 말해 보라고 한다.
- 말하지 못하면 교사가 "강아지, 돼지, 바지."라고 반복하여 말해 준 후 유아에게 교사를 모방하여 "강아지, 돼지, 바지."라고 말해 보라고 한다.
- 수행되면 교사가 "강아지, 돼지."라고 말해 준 후 유아에게 "바지."라고 말해 보라고 한다.
- 수행되면 교사가 "강아지."라고 말해 준 후 유아에게 "돼지, 바지."라고 말해 보라

고 한다.

- 수행되면 교사가 "강."이라고 첫소리를 말해 준 후 유아에게 "강아지, 돼지, 바지."라고 말해 보라고 한다.
- 도움을 점차 줄여 간다.
- 수행되면 교사가 끝소리가 같은 사물을 말해 보라고 할 때 유아 스스로 "강아지, 돼지, 바지."라고 말해 보라고 한다.
- 수행되면 교사가 예를 들어 호랑이, 고양이, 원숭이, 토끼를 제시한 후 끝소리가 같은 것은 "호랑이, 고양이, 원숭이."라고 말하는 시범을 보인다.
- 유아에게 교사를 모방하여 끝소리가 같은 것은 "호랑이, 고양이, 원숭이."라고 말해 보라고 한다.
- 말하지 못하면 '강아지, 돼지, 바지'를 지도한 것과 같은 방법으로 지도한다.
- 수행되면 교사가 다양한 사물을 제시한 후 끝소리가 같은 사물을 말해 보라고 할 때 유아 스스로 끝소리가 같은 사물을 말할 수 있는지 확인한다.
- 수행되면 유아의 특성에 맞는 적절한 강화제를 제공한다.

☞ 수행되면 확인을 위해 그림을 제시한 후 끝소리가 같은 그림에 동그라미를 그리게 하거나 스티커 붙이기, 또는 도장을 찍으면서 끝소리가 같은 사물을 말하도록 지도하는 방법도 있다. 특히 시판되고 있는 도장은 동물 모양이나 과일, 수 등 다양한 그림들이 새겨져 있어 유아들이 흥미 있게 과제를 수행하는 데 도움이 될 수 있다.

☞ 각 사물의 사진 및 그림을 오려서 코팅하거나 다음 그림을 복사하여 코팅한 후 교구로 제작하여 사용하면 편리하다. 각 사물의 그림 뒷면에는 까슬이를 붙이고, 하드보드지에는 보슬이를 붙이면 된다. 쉽게 붙였다 뗐다 할 수 있으므로 위치를 다양하게 바꾸어 지도할 수 있어 활용도가 높다. 하드보드지와 코팅지는 문구점에서 구입할 수 있다.

6~7 세

159 주소 말하기

6~7세

목표 | 유아의 집 주소를 말할 수 있다.

자료 | 주소가 쓰여 있는카드, 강화제

방법 ❶

- 교사가 유아의 집 주소(○○ 아파트, ○○동, ○호)가 쓰여 있는 카드를 제시한 후 유아의 집 주소를 말하는 시범을 보인다.
- 유아에게 교사를 모방하여 집 주소(○○ 아파트, ○○동, ○호)를 말해 보라고 한다.
- 수행되면 유아 스스로 집 주소를 말해 보라고 한다.
- 수행되면 유아의 특성에 맞는 적절한 강화제를 제공한다.

방법 ❷

- 교사가 유아의 집 주소(○○ 아파트, ○○동, ○호)가 쓰여 있는 카드를 제시한 후 "○○ 아파트."라고 말하는 시범을 보인다.
- 유아에게 교사를 모방하여 "○○ 아파트."라고 말해 보라고 한다.
- 말하지 못하면 교사가 "○○ 아파트."라고 반복하여 말해 준 후 유아에게 교사를 모방하여 "○○ 아파트."라고 말해 보라고 한다.
- 수행되면 교사가 "○○."이라고 말해 준 후 유아에게 "아파트."라고 말해 보라고 한다.
- 수행되면 교사가 "○○."라고 말해 준 후 유아에게 "○○ 아파트."라고 말해 보라고 한다.
- 도움을 점차 줄여 간다.
- 수행되면 유아 스스로 "○○ 아파트."라고 말해 보라고 한다.
- 수행되면 교사가 "○동."이라고 말하는 시범을 보인다.

- 유아에게 교사를 모방하여 “○동.”이라고 말해 보라고 한다.
- 말하지 못하면 ‘○○ 아파트’를 지도한 것과 같은 방법으로 지도한다.
- 수행되면 유아 스스로 “○○ 아파트, ○동.”이라고 말해 보라고 한다.
- 수행되면 교사가 “○호.”라고 말하는 시범을 보인다.
- 유아에게 교사를 모방하여 “○호.”라고 말해 보라고 한다.
- 말하지 못하면 ‘○○ 아파트’를 지도한 것과 같은 방법으로 지도한다.
- 수행되면 유아 스스로 “○○ 아파트, ○동, ○호.”라고 말해 보라고 한다.
- 수행되면 유아의 특성에 맞는 적절한 강화제를 제공한다.

☞ 유아의 상태에 따라 ‘○○시, ○○ 아파트, ○동, ○호’를 지도할 수 있다.

160 생일 말하기

6~7세

목표 | 자신의 생일을 말할 수 있다.

자료 | 생일이 쓰여 있는 카드, 강화제

방법 ❶

- 교사가 유아의 생일(○월, ○일)이 쓰여 있는 카드를 제시한 후 유아의 생일을 말하는 시범을 보인다.
- 유아에게 교사를 모방하여 자신의 생일(○월, ○일)을 말해 보라고 한다.
- 수행되면 유아 스스로 자신의 생일을 말해 보라고 한다.
- 수행되면 유아의 특성에 맞는 적절한 강화제를 제공한다.

방법 ❷

- 교사가 유아의 생일(○월, ○일)이 쓰여 있는 카드를 제시한 후 “○월.”이라고 말하는

시범을 보인다.

- 유아에게 교사를 모방하여 "○월."이라고 말해 보라고 한다.
- 말하지 못하면 교사가 "○월."이라고 반복하여 말해 준 후 유아에게 "○월."이라고 말해 보라고 한다.
- 도움을 점차 줄여 간다.
- 수행되면 유아 스스로 "○월."이라고 말해 보라고 한다.
- 수행되면 교사가 "○월, ○일."이라고 말하는 시범을 보인다.
- 유아에게 교사를 모방하여 "○월, ○일."이라고 말해 보라고 한다.
- 말하지 못하면 교사가 "○월, ○일."이라고 반복하여 말해 준 후 유아에게 "○월, ○일."이라고 말해 보라고 한다.
- 수행되면 교사가 "○월."이라고 말해 준 후 유아에게 "○일."이라고 말해 보라고 한다.
- 도움을 점차 줄여 간다.
- 수행되면 교사가 유아의 생일을 물어볼 때 유아 스스로 "○월, ○일."이라고 말해 보라고 한다.
- 수행되면 유아의 특성에 맞는 적절한 강화제를 제공한다.

부록

관찰표

표현언어편 (II)

우 편
POST

관찰표

표현언어편 II

연령	번호	목표	시행 일자	습득 일자
5~6세	84	의성어 사용하기		
	85	상황에 맞는 얼굴 표정 말하기		
	86	'무엇으로'를 묻는 질문에 대답하기 II		
	87	필요한 도구와 기구 말하기 II		
	88	"~하는 중이다." 표현하기		
	89	다양한 물건의 용도 말하기		
	90	오른쪽(손)과 왼쪽(손) 표현하기		
	91	반대말 말하기 I		
	92	같은 종류 말하기		
	93	상황에 맞는 인사말 하기		
	94	여덟 가지 색 표현하기		
	95	다른 그림 말하기		
	96	가전제품 말하기		
	97	네 가지 맛 표현하기		
	98	'옆' 말하기		
	99	상황에 적절한 말하기		
	100	그림에 없는 한 부분 말하기		
	101	"더 많다." 말하기		
	102	크기 순서대로 말하기		
	103	다른 종류 말하기		
	104	빈 문장 말하기		
	105	"~하고 싶다." 말하기		

〈계속〉

연령	번호	목표	시행 일자	습득 일자
5~6세	106	과거 시제로 말하기		
	107	높이 순서대로 말하기		
	108	"~하려고 한다." 표현하기		
	109	"깨끗하다."와 "더럽다." 표현하기		
	110	길이 순서대로 말하기		
	111	그림 보고 문장 만들어 말하기		
	112	'왜' 라는 질문에 대답하기		
	113	그림에 적합한 장면 말하기		
	114	작은 순서대로 말하기		
	115	두 가지 상황을 순서대로 말하기		
	116	간단한 질문하기		
	117	'그리고' 사용하기		
	118	생일 축하 노래 부르기		
6~7세	119	화폐 단위 말하기		
	120	복수형으로 말하기		
	121	그림에서 이상한 부분 말하기		
	122	"좁다."와 "넓다." 표현하기		
	123	여러 가지 문구 용품 말하기		
	124	채소 이름 말하기		
	125	최상급 말하기		
	126	각 직업 말하기		
	127	다양한 도형 이름 말하기		
	128	단수형과 복수형 말하기		
	129	가게에서 파는 물건 말하기		
	130	몇 번째인지 말하기		
	131	전화번호 말하기		
	132	상황이 일어난 이유 말하기		
	133	의태어 사용하기		
	134	"두껍다."와 "얇다." 표현하기		
	135	계절 말하기		

〈계속〉

연령	번호	목표	시행 일자	습득 일자
6~7세	136	반대말 말하기 II		
	137	"부드럽다."와 "딱딱하다." 표현하기		
	138	간단한 수수께끼 풀기		
	139	"굵다."와 "가늘다." 말하기		
	140	제시된 낱말 듣고 연상하여 말하기		
	141	형용사 사용하기		
	142	짧은 말 전달하기		
	143	문제가 생겼을 때 요청하기		
	144	「엄지 어디 있소」 노래 부르기		
	145	네 가지 촉감 말하기		
	146	다음에 무슨 일이 생길지 예측하여 말하기		
	147	'그래서' 사용하기		
	148	'그런데' 사용하기		
	149	앞에 어떤 장면이 있었을지 말하기		
	150	'~할 수 있을 텐데' 말하기		
	151	세 장면 연결하여 말하기		
	152	첫 번째, 가운데, 마지막 위치 명 말하기		
	153	첫소리가 같은 사물 말하기		
	154	단위 명칭 말하기		
	155	각 직업의 역할 말하기		
	156	친숙한 운동 종목 말하기		
	157	네 장면 연결하여 말하기		
	158	끝소리가 같은 사물 말하기		
	159	주소 말하기		
	160	생일 말하기		

MEMO

MEMO

MEMO

● 저자 소개 ●

임경옥(Lim Kyoungook)
강남대학교 특수교육과 특수교육 학사
경기대학교 교육대학원 유아교육 석사
강남대학교 교육대학원 유아특수교육 석사
단국대학교 대학원 유아특수교육 박사
전 무지개 특수아동교육원 원장
현 수원여자대학교 사회복지과 아동복지전공 교수

〈저서 및 역서〉
장애영유아발달영역별 지침서1～5권(공저, 학지사, 2010)
보육교사 일반직무교육(공저, 양성원, 2016)
원장 일반직무교육(공저, 양성원, 2016)
보육교사 심화직무교육(심화)(공저, 양성원, 2017)
원장 심화직무교육(심화)(공저, 양성원, 2017)
특수교육학개론(공저, 학지사, 2017)
발달지체 영유아 조기개입-인지편(학지사, 2017)
특수교구교재제작(공저, 학지사, 2018)
발달지체 영유아 조기개입-신변처리편(학지사, 2018)
교사! 그 아름다운 이름(학지사, 2018)
발달지체 영유아 조기개입-수용언어편(학지사, 2018)
발달지체 영유아 조기개입-표현언어편 I (학지사, 2018)
아동권리와 복지(공저, 공동체, 2018)

〈주요논문〉
예비유아특수교사들의 관찰실습경험에 대한 질적 연구(한국특수아동학회, 2013)
장애영유아 미술치료 연구동향 분석-1997년부터 2012년까지 전문 학술지 중심으로(한국특수아동학회, 2013)
보육교사의 전문성 인식과 통합교육 신념에 관한연구(사회복지실천연구, 2013)
예비보육교사들의 실습경험에 대한 이야기(한국콘텐츠학회, 2016)
아동복지전공 예비보육교사들이 보육실습에서 경험하는 딜레마에 대한 탐색(한국콘텐츠학회, 2016)

4

발달지체 영유아 조기개입 - 표현언어편 (II) -

2018년 2월 28일 1판 1쇄 발행
2022년 8월 10일 1판 4쇄 발행

지은이 • 임경옥
펴낸이 • 김진환
펴낸곳 • (주) 학지사
04031 서울특별시 마포구 양화로 15길 20 마인드월드빌딩
대표전화 • 02)330-5114 팩스 • 02)324-2345
등록번호 • 제313-2006-000265호

홈페이지 • http://www.hakjisa.co.kr
페이스북 • https://www.facebook.com/hakjisa

ISBN 978-89-997-1344-6 93370

정가 17,000원

이 도서의 국립중앙도서관 출판시도서목록(CIP)은 서지정보유통지원시스템 홈페이지(http://seoji.nl.go.kr)와 국가자료공동목록시스템(http://www.nl.go.kr/kolisnet)에서 이용하실 수 있습니다.
(CIP 제어번호: CIP2018002516)